思维的盛宴

青少年最爱玩的150个探案游戏

青少年最爱玩的150个探案游戏

QING SHAO NIAN ZUI AI WAN DE 150 GE TAN AN YOU XI

思 维 的 盛 宴

青少年最爱玩的150个探案游戏

王剑锋 主编

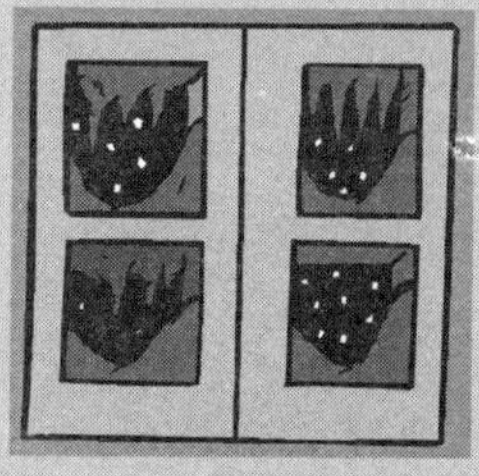

天津出版传媒集团
天津科学技术出版社

图书在版编目（CIP）数据

青少年最爱玩的150个探案游戏 / 王剑锋主编.

—天津：天津科学技术出版社，2012.5（2021.6重印）

（思维的盛宴）

ISBN 978-7-5308-6955-0

Ⅰ. ①青… Ⅱ. ①王… Ⅲ. ①智力游戏－青年读物

②智力游戏－少年读物 Ⅳ. ①G898.2

中国版本图书馆CIP数据核字（2012）第085329号

思维的盛宴——青少年最爱玩的150个探案游戏

SIWEI DE SHENGYAN ——QINGSHAONIAN ZUI AI WAN DE 150 GE TANAN YOUXI

责任编辑：杜宇琪

责任印制：刘 彤

出　　版：天津出版传媒集团
天津科学技术出版社

地　　址：天津市西康路35号

邮　　编：300051

电　　话：（022）23332399

网　　址：www.tjkjcbs.com.cn

发　　行：新华书店经销

印　　刷：永清县晔盛亚胶印有限公司

开本 690×940　1/16　印张 15　字数 300 000

2021年6月第1版第3次印刷

定价：45.00元

目 录

第二篇 虚虚实实

第三篇 大开眼界

第一篇

足智多谋

融知识性与趣味性为一体的探案游戏之所以让人痴迷，除了案件本身的扑朔迷离外，还需要你能综观全局，有勇有谋，敢于挑战自己的智力。这本身也是一种快乐的享受。

1. 银子属谁

宋朝时，河北有个叫柳清的知县，为官清廉，因此得了个“铁判官”的绰号。

这天，一个中年男子拎了个包袱，跌跌撞撞地跑来告状：“大老爷明鉴，小民王三过河时，遭到摆渡大汉抢劫。望大老爷替小民做主。”

柳清问道：“何物被抢？”

“50两银子”

“你是干什么的？”

“小民以卖蜜饯为生。”

“你的银子原来放在什么地方？”

“就放在这儿。”说着，王三打开包袱，露出几盒蜜饯。

“来人！”柳清唤过两名衙役：“跟着他去，把那个摆渡的家伙给我带来！”

不久，两衙役带来了一个渔民打扮的大汉，回禀道：“禀老爷，嫌犯已拿获，这是搜获的赃银。”说完，将一包银子呈上。柳知县打开一看，不多不少，正好50两。

“打鱼的。”

“这银两是从哪里来的？”

大汉哭道：“那是我两年多的积蓄，小人没干伤天害理之事！”

柳清略一沉吟，吩咐道：“把这些银两放到院子里去。”说完，便专心地看起书来。只过了一会儿，他就破了此案。

请问：他是怎么破案的呢?

大汉扑通跪倒，大呼：“大老爷，小人冤枉！”

柳清一拍桌案：“不准乱嚷！我问你，你是干什么的？”

答案

1.

过了一会儿，柳清看见自己的小黄猫正在银子堆上东闻西嗅，便吩咐人将银两取回。

柳知县再次升堂，大吼一声：“王三！你这无耻之徒，为了50两银子，竟敢在公堂上诬陷好人，还不从实招来！”

“大老爷明察，小人安分守己，何谓诬陷？”王三声音颤抖地说。

柳清冷笑一声：“刚才你说这银子是和你的蜜饯放在一起，这银子在院子里放了半天，如果是你的，那银子上面肯定爬满喜爱甜味的蚂蚁。可是现在，只有猫在银子上嗅来嗅去。这说明银子上有腥味，难道这银两的归属还不清楚吗？”

王三见其真相已露，不得不招了实情。

2. 一张借条

一天，“铁判官”柳清审理完一桩偷窃案，刚要退堂，这时一个商人前来告状。

柳清仔细打量来人，见是个白面黑须、衣冠整齐的中年人，便问：“你有何事？”

“回禀大老爷，小人孙贵，在城南关开布店。去年，开木匠铺的邻居张乾因手头拮据，曾到本店借钱，说好半年还清。可我今天找他讨取，不想张乾拒不承认，望大老爷明断，替小人追回银两。”

“你借给他多少银两？”

“300 两银子。”

“借据可带来？”

“在这儿。”孙贵从怀里掏出一纸呈上。

柳清接过一看，见借据写得明明白白，而且还有两个中间人的签名，柳清抬头问：“中间人金平和龙六成可在？”

“我把他们请来了，现在门外。”

柳清唤过差人：“传证人和木匠铺的张乾到案。”

不一会儿，3 个人都被带到堂上。

柳清问：“张乾，你向孙贵借钱，可有此事？”

张乾说：“绝无此事！”

“这张借据上的签名可是你所写？”柳清朝他举起那张借据。

张乾道：“根本就无借贷之事，我哪会签名？”

“来人，纸笔伺候，命你写上自己的姓名。”柳清说。

张乾写好自己的名字呈上。柳清将借据拿起一对，两个签名分毫不差。柳清很诧异，心想：莫非借据是真的？他这么痛快写字签名，岂不等于在证实自己犯罪吗？

忽然，柳清灵感一来，想出了一个办法，立刻就破了案。

请问：他想出了什么办法呢？

答案

2.

柳清吩咐差役将纸笔分给原告孙贵、证人金平和龙六成，说："你们3人分开站好，张乾借钱时间是上午还是下午或是晚上，写在纸上，不得交头接耳！"

这一下，孙、金、龙愕然失色，拿着纸不知如何下笔。片刻之后，孙、金、龙沉不住气了，纷纷跪下磕头认罪。

原来，孙、金、龙3人嫉恨张乾买卖兴隆，于是合计坑害他。由金平仿照张乾的笔迹，在一张假借据上署了名，不想"铁判官"智胜一筹，在公堂上揪住了狐狸的尾巴。

3. 轻伤致死

一天，郑七和打过官司的李范冤家路窄，碰面后两人先是出言不逊，后来是扭打起来。当晚半夜，郑七竟口吐鲜血，一命呜呼。

第二天一大早，郑七的妻子丁氏就到县衙门状告李范把郑七打伤致死。县官命仵作验尸,发现尸体青肿。传来李范讯问，李范供认路遇郑七后两人扭打，不过郑七也打了自己。

郑七打过李范，却没有造成什么后果，而李范打伤了郑七，最后死亡，那当然是李范的罪过了。县官以为事实已经查清，李范伤人该抵命，判了死罪，收监暂押，只等批复下来后，秋后处斩。

这天晚上，施公审阅下级呈交的案件，看了李范打伤郑七致死一案的材料后，发现了几个疑点:验尸单上写的是尸体浑身青色，难道殴打的伤痕会遍及全身吗?郑七被打后是独自回家的，还在家吃过晚饭，到了半夜才突然死亡，被打伤怎么会几个时辰后突发呢？看来其中必然有诈，李范很可能受了冤枉。

那么，谁是真凶呢？这可是人命攸关的大案，施公决定亲自明察暗访。

通过调查，郑七的邻居提供了一个线索：在郑七死的前几天，夫妻俩曾经发生过口角。口角是由一只男用香囊引起的。郑七责问妻子：“这香囊是谁的？怎么会放在房内？”

丁氏起初闭口不语，经不住郑七的威吓，她终于说出了真情：“这是郑奇的。”

郑奇是郑七的侄子，30岁左右，不务正业，游手好闲。自从郑七夫妇因香囊吵架后，郑奇便消失了踪影。

施公询问那验尸的仵作。仵作当时也觉得有问题，郑七不像受伤而死，却像是中毒身亡。

“那么，像是中什么毒的迹象呢？”施公追问道。

仵作想了一想，回答：“似乎是砒霜中毒。”

施公又查询了县里的不少药店，终于查到一家药店的老板与郑奇相识。老板说：“前几天，郑奇说家里老鼠成灾，买了些砒霜去药老鼠。”

施公心中有了底。逮捕丁氏，郑奇必定不再露面，逃之夭夭。那么，怎么引蛇出洞呢？

这天，县城里街头贴出告示：斗殴杀人犯李范明日午时砍头示众。第二天午时三刻，刽子手手起刀落，李范身首搬家。

第二天，施公便宣布破了这个案子。

答案

3.

当夜，天色刚暗，郑七家里闪进一个黑影，那黑影正是郑奇。他耳闻李范已经开斩，他与丁氏嫁祸于人的阴谋已经得逞，满以为两人可做长久夫妻了，就迫不及待地来见丁氏。不料他前脚刚踏进门槛，后脚几名公差便破门而入，逮住郑奇。

原来，被处斩的并非李范，而是一名死囚。施公这样终于引出了郑奇。大堂上，郑奇和丁氏供认了他们通奸谋命、嫁祸于人的罪行。

4. 留下一人

唐朝时，洛阳有一个客栈叫四海客栈，这天店主张复的妻子回了娘家。恰好王青、刘卫等人投店住宿。半夜，有人用王青的刀子杀了张复，作案之后又把刀子插回原鞘，王青并未察觉，次日清晨就起身出发了。

天亮后，店里人见张复被害，就把王青等人追回，查看王的佩刀，只见鲜血淋漓。王青瞠目结舌，无法辩白，被送到官府。重刑之下，只好屈招。

案件报到朝廷，朝廷委派蒋常复查。蒋常下令把当夜在店的人都集中起来，然后又以人数不足为借口把他们放掉，只留下一个老妇人。这样反复3天后，凶手被抓到了。

你知道蒋常是怎样断案的吗?

答案

4.

到了天黑，蒋常才把这妇人放出，命令手下秘密追踪，看谁与这老妇人说话。这样反复3天，发现都有同一个人找妇人。

于是蒋常又把有关的人都召集起来，从中找出与妇人说话的人严加审讯，那人正是杀人凶手。

原来此人因与张复的妻子通奸，乘机用王青的刀杀死张复。因他作案心虚，见每天都留下老妇一人，就急忙打听虚实，这下正中了蒋常的圈套。

5. 沉重的木箱

宋朝时，梁山脚下有个临山客栈，生意特别好。一天傍晚，一个四十多岁的烟贩子住进客栈的一间小屋，屋对面住着几个带着箱子的大汉和两个木匠。

烟贩子睡到半夜，忽然听对面传来一阵哭声和哀求声："大爷，饶了我们吧。"他一骨碌爬起来，侧耳静听，又听一个恶狠狠的声音说："不行，不能留下活口。"

烟贩子吓得全身冒汗，他顿时明白，对面屋里的大汉是强盗，被杀的一定是那两个木匠了。他蹑手蹑脚地跑去和店主商量。

店主听后心想，此时深更半夜，这伙强盗万一冲出去，就不好找了，不如天亮再说。他就对伙计们说："先别惊动这些人，明天我在院门口收房钱，如果出去的人数少了，你们立刻出来抓住他们。"并且一再嘱咐那伙人是6个，加上木匠一共是8个。

第二天一早，店主人坐在院门口，眼睛盯着那间屋子。一会儿，房门打开，那群人收拾好行李，抬着箱子，从屋里走了出来。吩咐店主人算账。

店主人看看这些人，默默地一数，正好6个。店主人问道："屋里还有人吗？"一个大汉说："有呀，还有两个木匠！"话音未落，两个木匠拿着工具，背着布包，走了出来。

店主人糊涂了，回头看看身后的烟贩子，烟贩子也很纳闷：自己昨天夜里听得清清楚楚，两个木匠被杀了，怎么今天又冒出来了？

答案

5.

烟贩子看看那些人抬的箱子，对店主人说："两个箱子里一定有鬼，快打开看看。"那伙强盗一听要打开箱子，马上围了起来，不让任何人靠近。

店主人一声大喝，二十几个伙计闻风而动，呼啦围上来，把强盗打翻，烟贩子冲上前打开箱盖，里面果然装着两具尸体。

原来，这伙强盗进来时就8个人，先将两个人装进木箱，抬进客栈，等杀了木匠，便让来时躲在箱子里的两个人穿上木匠的衣服，再将尸体装进箱里，造成8个人进店，8个人出店的假象。

6. 审狗判案

明朝的宁王年轻时是个花花公子，经常牵着一只脖子上挂着块“御赐”两字牌子的丹顶鹤，满街闲逛。

有一天，那只白鹤独自出门了，被一条狗咬死了。宁王知道后暴跳如雷：“我这白鹤是皇上赏的，脖子上挂着御赐金牌，谁家野狗竟敢欺君犯上。”当即命令家奴把狗的主人捆起来，送交南昌知府，要给他的白鹤抵命。

当时的南昌知府名叫祝瀚，对宁王的胡作非为很是不满。听说宁王府的管家前来转达宁王的“旨意”，就对管家说：“你写个诉状来，本府自当审理。”

宁王府管家递上诉状，祝瀚看过，从签筒中拔出令签，命令衙役捉拿凶犯到案。管家忙说：“不劳贵差，人已抓到堂下。”

祝瀚故作惊讶，说：“这诉状上明明写着肇事凶犯乃是一条狗。本府今日要大堂审狗，抓人来干什么？”

宁王府管家气急败坏地说：“那狗不通人言。岂能大堂审问？”

祝瀚想了个办法，就把这个案子轻松地判了。你猜是什么办法？

答案

6.

祝瀚道：“贵管家不必生气，本府自有主张。我想，只要把贵府诉状放在它面前，它看后低头认罪，也就可以定案了。”

管家大叫道：“你这昏官，走遍天下，可有一条认识字的狗？”

祝瀚神情严肃地说：“既然狗不识字，那金牌上的‘御赐’二字它岂能认得？既然它不认识，这欺君犯上的罪名又从何说起？狗本不通情理，咬死白鹤乃是禽兽之争，凭什么要处治无辜百姓？”几句话把那宁王府管家问得哑口无言。

7. 伪装的自杀

一天，一个男人来到警察局报案，说她的太太自杀了。

警察随他来到现场，发现死者是光着两脚悬挂在绳索中，地上倒着一个真皮面的梳妆台椅子，看起来好像是死者用脚蹬倒椅子上吊自杀的。

警察检查了那个圆椅，马上就揭穿了自杀的伪装："这不是自杀，而是他杀。"

后来，警察证实了那个男人有了新欢，因为不想跟妻子离婚而平分财产，所以残酷地杀了她。

那么，凶手留下了什么破绽呢？

答案

7.

圆椅上没有死者的足纹。正如手上有指纹一样，人的脚上也有纹路，就是我们说的足纹。在蹬着上吊的圆椅上没留下被害人的足纹，这是凶手的失误。因为死者是光着脚的。所以如果她真是踩着圆椅上吊的话，毫无疑问会在椅面上留下足纹。

8. 凶杀案中案

西汉末年，河北有个叫张平的人，他只身一人来到山东郓州谋生，从家乡经常来看望他的，只有一个远房侄儿张胜。

一天，邻居们觉得很长时间没见张平，便结伴来找。来到屋前，喊了几声也没人应答。大家推门进去，顿时惊呆了：张平尸体横躺在床上，被人割掉了头，血淋淋一片。大家一看张平被杀，顿时慌乱，不知该如何是好。

有位年纪大的提议说："人已经死了几天，凶手早就跑了，告官也没有用，反而给大家惹上麻烦，不如把他埋了，也算积点德。"于是大家凑了点钱，把张平葬了。

过了几天，张胜来看叔叔，找不到张平，便找到乡邻打听。邻居们怕他难过，就骗他说："你叔叔得急病死了，我们已经把他安葬了。"

张胜一听，号啕大哭，泪如雨下。在大家的劝慰下，张胜又买了些纸钱，亲自到坟墓上祭奠了一番。

第二天，张胜告别乡亲们就回去了。过了半个月，他又来了，带了点钱，办了一桌酒席，邀请当日为张平操办丧事的邻居们。

张胜首先感谢大家安葬叔叔的大恩大德，表示将没齿难忘。接着鼻子一酸，眼泪哗哗地说："我叔父孤身一人在外多年，如今死在郓州，孤魂野鬼的也没家人祭祀，我想把他的尸骨移回家乡安葬。今备点薄酒，请各位多多帮忙。"

张胜又问众人："不知叔父临死时穿的是什么衣服？我得亲眼看看，若是不行的话，我就给叔父做一套新衣服。免得回去以后，长辈们骂我不孝。"

大家一看张胜要开棺，心想坏了，如果张胜看到他叔父是被人杀死的，那可就麻烦了。大家纷纷劝说张胜，但张胜执意要开棺不可。大家没有办法，只得打开棺材顶盖。

张胜一看叔父的头不在棺里，非要告官不可。邻居们心想，事情已过去许多天了，如果找不到凶手，在场的众人怕是有口也说不清。大家都想息事宁人，愿意凑点钱给张胜，求他别告官。张胜开口就要 50 两银子，众人凑不出来，不得已，只好让张胜告到县里。

县令叫邻居们来问了半天也问不出结果，一怒之下，大刑伺候。众人受刑不过，被迫招供合谋杀死了张平，县令要他们交出张平的首级，众人却又交不出来。没有首级便没法结案，此案便拖了下来。

没过多久，原县官离任，新调来一位姓杜的县令。杜县令翻阅往日案卷，觉得此案疑点很多，便决定重新提审。

他问众邻居："你们怎么知道死者是张平呢？"大伙回答说："我们当时都见死者身上穿的衣服是张平的，就以为是张平。"

杜县令又问："除衣服以外，你们是否还发现了其他特征？"大伙都说没有。

这时，县令把脸一沉，一拍惊堂木，怒喝道："此案可以了结，凶手就在堂下！"

请问：你知道凶手是谁吗？

答案

8.

接着，杜知县朝张胜呵斥道："大胆刁民，竟敢欺骗本官，欺诈乡里。你一向家贫如洗，哪里有钱请乡邻吃酒？而且还要移葬你叔父？你事先已经知道棺材里是无头尸，才坚持要开棺，以便敲诈钱财。若不从实招来，大刑伺候！"

张胜吓得磕头如捣蒜，连声说："小的交代，小的交代！"

原来，那一天张胜来看望叔叔张平，这时，外面下起了瓢泼大雨。一个外地男人进来避雨。张胜看见来人囊中颇有钱财，顿时心生歹念，就和张平一起杀了他，并把他的头割下来埋在院里，扒下他的衣服，换上张平的衣服，然后和张平连夜逃走。

过了几天，张胜装着来看望叔父，实际上是来探动静。当他得知乡邻们已将尸体当做张平安葬后，便回去与张平商量，以移葬为名，坚持要开棺看人，以便再次讹诈钱财。

9. 借刀破案

清朝咸丰年间，天长县里有不少屠夫常常到附近村子里帮人杀猪宰羊。

一天，有个姓王的屠夫，给几个人家杀完猪后，趁着月色匆匆回家。半路上，张屠夫遇到一个陌生人。这人身上带着不少银子，张屠夫顿起恶念，他抽出屠刀，捅死了这个陌生人，然后抢走银子。谁知他心慌意乱下，竟忘了把那把屠刀带走。

第二天，有人发现尸体后，便到县衙报案。冷县令接到报案后，亲自到实地勘查，发现了那把刀。冷县令仔细查看了那把杀人刀，断定是把屠夫使用的屠刀。他心生一计，决定借这把屠刀破案。

请问：你知道冷县令是怎样破解此案的吗？

答案

9.

当天，冷县令下令：“后天要演武，本县要犒劳军士，凡本县的厨师、屠户都在后天中午，集合到校场待命。”

凡天长县从事屠宰、烹饪的都按时来到城南大校场。冷县令却说：“今天天色已晚，你们明天上午再来，但各人刀具都得留下。”

于是，来的厨师、屠夫们都把各自的刀具留下，纷纷回家了。冷县令暗中把那把杀人的屠刀混杂在其中，换下了另一把。

第三天上午，那班屠夫、厨子都来取走了自己的刀，只有一个屠夫来迟了，但他不肯拿剩下的那一把刀。冷县令问他：“你为什么不拿这把刀？”这人回答说：“这不是我的刀，是南门大街王屠夫的刀！”冷县令一听，下令去抓王屠夫。

王屠夫装病躲在家里，县衙的差役们将他押到大堂上，经审问，王屠夫如实招供。

10. 公园“自杀”案

一天，警察局接到一个案子：在一个公园里发现了一具尸体。查明后，死者是一家公司的总经理，名字叫大岛完池。新村警察叫来了死者的朋友—田井。

经过法医的检查，大岛完池是因枪击身亡的，子弹从前额中央射入，从弹孔流出的血迹在他的右侧脸庞流成了一条血线，已经干硬。鲜血染红了死者衬衣的领子和绿色的领带。

田井和新村警官回到会客室。

“我跟你简单说一下发现他的情况吧。”新村开始向田井介绍案发经过，“今天早晨 7 点左右，一个晨练的人在公园内面向大海的长椅上发现了死者。警察赶到现场后在长椅下找到了射杀死者的那支手枪，上面只有死者的指纹。经法医检验，死亡时间大致是午夜到今晨 3 点之间。”

“他为什么会到那个公园去？之前做了什么？”田井似乎还没有从惊愕中回过神来，他仍然沉浸在朋友死亡的悲痛之中。

“经过我们的调查，昨天晚上他在公园酒店参加一个宴会。大约在 1 点左右，海面上刮起了大风。大岛对朋友说要方便一下，就离开了，之后就没再出现过。大约 2 点左右，他们以为大岛回家了，也就散了，因为这已经不是他第一次中途离开了。”

“你们的结论呢？”

“自杀。”新村肯定地说。

看到田井疑惑的眼神，新村补充道：“您是知道的，大岛的女儿前不久因车祸去世，这对他打击很大，而且他的工作也面临着很大的问题。这些很有可能导致他自杀。”

“可是大岛完池并不是自杀！”田井突然提高了嗓音，“首先，大岛完池是个顽强的人，他的女儿去世了，但他还有个小儿子，他不会抛下他的；第二，现场的情形也不能说明他是自杀，警察先生，因为你们忽视了一个至关重要的细节。”

田井所说的“细节”是什么？

答案

10.

细节就是大岛完池弹孔中流出的血的形状。如果他是在大风中自杀的话，伤口的血迹不会是在脸上形成一条血线，而且已经干硬了。风会使血迹污染面孔，渐洒到衣服上。由此判断大岛完池不是自杀，公园也不是第一现场。

11. 装哑巴

山东某地有个秀才叫蒋勤，他有一匹膘肥体壮、性情凶猛的烈马。那马别说是人，就连别的马一接近它，也会被它踢伤或踢死。因此，蒋勤外出时十分注意，要么将自己的马拴开，要么叫别人的马拴远点。

一天，他来到县城，就把自己的马拴在离店铺较远的一棵树上。正要走开，看见一个富家公子吩咐随从，将马也拴在这棵树上，蒋勤连忙劝阻："客官且慢，我这马性情暴烈，怕有格斗之危。"

那随从狗仗人势，根本不听蒋勤之劝。

蒋勤又转身对主人说："公子明断，我这马性烈，请将马另拴别处。"

富家公子一听怒不可遏，厉声说："我定要拴在这里，看你把我怎样！"说罢就走了。

不多时，蒋勤的烈马就将富家公子的马踢死了。富家公子一见大发雷霆，就吩咐随从将蒋勤扭到县衙。

知县百文敏升堂后，看见原告是本县有名的苏衙内，知道不好对付，问清原委后，就以验马尸为名宣布退堂。百文敏一边派人验马尸，一边派人向蒋勤授意，要他明日到公堂上委屈一下。

试问：百文敏是怎样审案的呢？

答案

11.

次日升堂，百文敏一拍惊堂木，要蒋勤从实招来，蒋勤一言不发。

百文敏说："此人是个哑巴，本县不好审理。退堂！"

苏衙内忙说："大人且慢，此人并非哑巴，昨天我家奴去接马时，他亲口说了话。"

百文敏问家奴："他昨天说什么话？"

家奴说："我去接马时他对我说，他的马很凶，要我把马接到别处去，免得踢坏了我家公子的马。"

百文敏又问苏衙内："此话当真？"

苏衙内说："一点不假，我亲耳听见。"

百文敏一听，哈哈大笑道："此案已经了结，蒋勤已将他的马性烈的情形讲明。你们不听，硬要拴在一起，只能自食其果。"说罢退堂了。

苏衙内理屈词穷，只好作罢。

12. 难以发现的指纹

一天，大作家米赛尔被人杀死在自己的书房里。

经过对现场的勘查和一定的调查，警方确认凶手很可能是为了米赛尔最近马上要出版的新作而杀死了作家的。至于具体原因还没有弄清楚。

侦探波洛被请到现场协助调查。警长把案件的相关情况说了一遍。

“查到线索了吗？”波洛问。

“没有。房间里的玻璃杯、桌面、门把手等地方都被小心地擦拭过，找不到指纹，看来这是一个犯罪老手。”警长回答说。

“有人碰过那些书稿吗？”

“书稿上什么也没有。”警长答道。继而他又补充道：“当然，我们都是戴着手套整理房间的。”

波洛笑了，他小心地拿着桌上的一份书稿的前几张拿去化验。很快他就获得了凶犯的几个明显指纹。

那么他是采取什么办法获得凶犯指纹的呢？

答案

12.

指纹印实际上是人的油脂造成的，留在纸上肉眼看不见，但一遇上含碘的酒精蒸汽就会显形。所以要想取得纸上的指纹，只需把含碘酒精微微加热，然后把纸在上面熏一下就能看见。

13. 细查杀妻案

西汉时，一位姓刘的人从外地刚回到家，发现他妻子在家被人杀害，就连头也被割了，便立即告诉妻子的娘家。妻子的娘家认为是女婿杀死了女儿，便告到官府。女婿在严刑拷打下自诬屈招了。

这时，有一位从事（郡守的属吏）觉得此案有疑，心想："做丈夫的，谁忍心杀妻割头呢？即使因感情破裂要杀害她，也一定要想出逃避罪责的办法，或说她病死，或说突然死亡，而尸体在，脑袋却没有了，其中必定另有道理。"于是请求另行查证，郡守也同意了。

后来从事想了一个办法，便破了此案。

试问：他想的是什么办法呢？

答案

13.

从事先将姓刘的这个人囚了起来，然后集中全城仵作（检验死伤的人），细问近来安葬坟墓的情况。

其中有一人说："我在给一富豪人家办事时，曾听他们说杀了一个奶妈，埋在某个地方。"

从事听了这个情况后，立即派人去挖开坟墓检验，见棺材中只有一个妇人的头！当叫控诉人来辨认时，却说那不是他的妻子。再传讯那个富豪，再三审问，终于弄清了原委。

原来富豪与姓刘的妻子私通，被奶妈发现，便杀了奶妈，砍了她的头埋掉，而把刘的妻子的衣服穿在奶妈的尸体上，移尸到刘的妻子家中。然后把刘的妻子私养起来。案件查明，惩办了富豪及刘的妻子，姓刘的人无罪释放。

14. 两个丈夫

一天，两男一女拉拉扯扯吵到县府里，后边还跟着一对老年夫妇。县太爷一问，原来是一桩婚姻纠纷。

这女子与其中一位男子自幼青梅竹马，后来结为夫妻，婚后，丈夫去四川经商，接连几年没有回家，音讯全无。女子得不到实情，心中万分牵挂，宁愿一辈子死等丈夫归来。

这时，另一个男子买动了女子娘家父母的心，硬是把这女子娶了过去。刚娶去不久，原来的丈夫回来了。见此情景，他非要讨回妻子不可。

第二个男子新婚刚过，说啥也不答应。两人便同去找这女子的父母，父母也没有办法，就这样一同来求县太爷公断。

县太爷听罢案情，不问别的，先问这女子的父母，两个男人说的是否都是真情。老两口点点头。县太爷又细细打量那两个男人，你争我吵，互不相让，那女子

夹在中间只是啼哭。看来那女子分明与前夫情深，就想成全他俩。顿时，他想出一个主意。

请问：他想出了什么主意呢？

答案

14.

县太爷对女子喝道："你到了今天，还哭什么！千错万错就错在你一个人的身上，只因你朝三暮四，才把事情弄到这等地步，如今只有看天意了。"

说着，抓起笔，在两张纸上分别写上"前夫"、"后夫"，不由分说，叫手下人拿一条布巾将她的眼睛蒙起来，让她跪在地上，让第一个丈夫跪在女子的后边，让第二个丈夫跪在女子的前边。然后告诉他们，让女子在盒里去摸那两张纸，摸到哪个，就跟哪个回去过日子，不得再有争议，两个男人都答应了。

那女子迟迟不肯伸手，只是在那里哭哭啼啼，县太爷把桌子一拍，大发雷霆。女子没办法，只好胆战心惊地摸了一张。跪在女子前头的那个第二任丈夫，见女子摸出的纸牌上写着"后夫"二字，心里很高兴，以为女子可以归他了。

却听见县太爷大声说道："好吧，既然你亲手拣出的是'后夫'，看来命该去跟跪在你后面的男子过日子，天意昭昭，我也不可违抗。你们走吧！"

15. 怎样清账

古时有一女子，丈夫去世时才二十多岁，她含辛茹苦将儿子抚养成人。儿子结婚后不久，便感到母亲是个累赘。

一天，儿子对母亲说："娘，你养我二十年，我也奉养了你二十年，可以清账了。"

母亲无奈，托人写了状纸去县衙告状。县官升堂，传唤母子两人。听罢双方陈述后，县官想了一个办法，使儿子乖乖地继续奉养他的母亲。

试问：县官想的是什么办法呢？

答案

15.

县官听罢双方陈述后，问那母亲："你儿子生下时有多重？"

母亲回答："4 斤 8 两重，有接生婆称过呢。"

县官又传来接生婆证实后，对儿子说："谁说你欠的账还清了？你不是还欠你母亲 4 斤 8 两肉吗？要清账也可以，差役，快拿刀来，从他身上割下 4 斤 8 两肉还给他母亲。"

儿子跪地求饶说："不能割呀！割了我就没命了，我是应当继续奉养她老人家的！"

16. 一次索赔案

已经过了下班时间了，可汽车运输公司保险员弗洛伦仍旧盯着办公桌上那一叠索赔文件犯愁。本来已经了结的赔偿案，因为这份迟到的索赔要求而风波又起。

要搞清这件事还得从几天前说起，一辆公共汽车的司机在倒车时太急，致使旅客在车厢里像木桩子那样前仰后合，从而导致了数起对汽车运输公司的诉讼案。弗洛伦就是这次索赔案的公司方负责人。

本来事情进行得很顺利，公司的态度很明确，乘客中也没有出现借机敲诈的情况，因此索赔工作很快结束，弗洛伦还因此受到公司的褒奖。

可是没想到半路杀出个程咬金，临下班前突然传来了一份传真：一位名叫德曼的旅客停车中负伤而要求汽车运输公司给予1万元的赔偿。

德曼在他的索赔书中称：急刹车发生在晚上9点，他当时由于瞌睡没有注意抓紧扶手，当时就向后仰倒在车厢里。后来到医院检查，经医生诊断是颅骨骨折。随信还附有当日的车票及医生出具的诊断书的复印件。书中要求公司在3日内给予答复，不然的话他将向法庭提起诉讼。

整个索赔书有理有据，可“这是敲诈”的念头在弗洛伦头脑中挥之不去。他虽然还不知道这个德曼是何许人，但印象中此人一定是个满脸横肉的家伙。

突然电话响了起来，把弗洛伦吓了一跳。他拿起话筒通报了姓名。原来是他的朋友艾迪，要和他一起吃饭。

在餐桌上，弗洛伦一点食欲也没有，艾迪看出他有什么心事，于是关心地向他询问。弗洛伦简要地把事情说了一遍，还把那份德曼传来的文件递给她看。

艾迪看了一遍后，突然放声大笑：“你真是个大笨蛋。那个德曼也是个笨蛋。弗洛伦，你告诉他，公司随时准备应诉，同时提醒他敲诈罪成立的话，他是要坐牢的。”

艾迪说这番话的根据是什么？

答案

16. 根据德曼的索赔书陈述，他是向后仰倒在车厢。可是倒车时，乘客由于惯性应该是向前倒。德曼显然在说谎。

17. 冰冷的椅子

一天，波洛接到林斯顿太太打来的电话，说她把 1000 美元放在桌子上不见了，请他赶快来一趟。

波洛立刻赶到林斯顿太太家，时间下午 5 点钟。他问林斯顿太太最后一次见到钱是什么时候？林斯顿太太说是 4 点钟。她说她把钱放在桌子上就去洗澡了，4 点半左右回来就不见钱的影子了。

波洛又问：“当时有别的人在家吗？”

“有我的女佣露丝，她帮我料理一些家务。”

波洛点点头，来到露丝的屋子。露丝热情地招呼他。波洛坐在屋内唯一的一把椅子上，他感到椅子很凉。他问：“请问小姐，林斯顿太太丢钱的时候你在干什么？”

露丝回答说：“我 4 点到林斯顿太太家，就回到屋里，一直坐在你身下的那把椅子上做针线活，从没离开半步，可是我好像听见有人把门‘砰’地关上了。”

波洛笑了一下，说：“小姐，我想我能在这个屋子里找到 1000 美元。你并没有一直坐在这里，你是在我敲你的房门时，才坐到椅子上的。”

露丝看着波洛的脸，慢慢地低下了头。

波洛是怎么知道的呢？

答案

17. 答案很简单，因为波洛就坐在那把椅子上，他感觉很凉，这说明这把椅子长久没坐人了。露丝在说谎。

18. 谁是偷吻者

某夜，一个国王为女儿做生日，于是在王宫开了一个盛大的晚会。席间突然发生停电，公主觉得有一个男的乘机抱住她，偷吻了一下。惊吓之余，她不禁高叫起来：“哎，谁这么不要脸？”

电灯亮了，王宫的侍卫也过来了。对此，席间的5位单身男子的反应分别是这样的：

一位年轻的公爵说：“怎么了？公主殿下，有人非礼你吗？”

一位风流潇洒的诗人说：“我刚刚站起来时，只不过不小心碰了一下您，不是这样就算非礼吧。”

一位贵族说：“公主殿下擦的香水真是太迷人了，所以……”

一位邻国的王子有点儿气愤：“哼，谁这么流氓，竟然乘停电偷吻您，太不像话了。”

一位绅士说：“简直有失绅士风度！”

公主突然明白了什么，突然指着一位男子说：“就是你，你这流氓。”

请问：这位耍流氓的男子究竟是谁？

答案

18.

耍流氓的是那个邻国的王子。因为公主并没有说发生了什么事，只有王子准确地说出了她被偷吻的事。这说明他就是那个偷吻者。

19. 几颗樟脑丸

一天，一名青年男子来到警察局报案。他一脸沮丧地说，他是一个公司的业务员，被派往南方开拓业务，已经有两三年没回来了。前天，他请假回来了一趟。今天一进门，就发现家里被盗了。

听完他的叙述后，警员按着常规到现场进行搜查，提取了壁橱上的指纹和地板灰尘上的脚印。女警员熊丽翻了翻衣柜中的衣物，忽然发现里面有几个樟脑丸。她不动声色地拿出一个看了看又送了回去。

然后，她转过身来对青年男子说：“你这么年轻，何必耍这种把戏呢？骗取保险金这样的做法已经不是什么新鲜事了。”青年男子立刻低下了头。

请问：熊丽怎么发现青年男子报的是假案呢？

答案

19.

樟脑丸是很容易挥发的东西，一般一年左右就挥发了。而失主却说两三年没回来了。这说明他在撒谎。

20. 智断毒酒案

冬日一天，罗西接到一个下毒案。被害人目前还在医院接受治疗，嫌疑人被警方传唤到警局。

罗西问了问情况，才知道双方刚谈成一笔生意，两人共同干杯庆贺，不想竟中了毒。

“你们在什么地方喝的酒？”

“在我家。天气冷，我把酒放在壶里热了热，我一直这么喝酒的，都没事呀。”嫌疑人一脸被冤枉的表情。

“你是说，你把壶放在炉子上烧吗？”

“是的。”

“你的壶是什么材料的？”

“锡壶。这有什么关系吗？”

罗西严肃地说：“关系可大了！”接着罗西不慌不忙地说出一番道理，只听得大家频频点头。那么，这究竟是怎么一回事呢？

答案

20.

当时用来盛酒的锡壶多为铅锡合金制造，含铅量很高。嫌疑人在温酒时把壶直接放在炉子上温酒，酒中就带上了浓度很高的铅和铅盐，也就是酒上漂浮的那层黑膜。这酒喝多了，就会出现急性铅中毒症状。

21. 银子还在

一天，郑板桥乘舟进省参督，行至昌乐城郊，看看天色已晚，便吩咐停船宿夜，他一个人在灯下独斟自饮。

这时，听见船家高呼“有人投水”，他不由得一惊，忙命人搭救。一会儿，随着一片哗哗的水声，那人已被救上了船。

郑板桥便把落水者唤到舱内盘问，那人哀叹一声说：“我的冤情是弄不明白了，回去又无法交代，还不如一死了之。”

郑板桥听罢，感到奇怪，叫他细细说来。那人便禀道：“小的叫张旺，是淄博昌泰绸布庄的伙计，奉掌柜之命来这里收账款。哪知昨晚投宿于昌乐升平客栈，寄存在账房里的一袋银两被调了包，回到店里，老板绝不会相信我的话，我家里穷，赔不起账的。”

郑板桥问：“那你为什么不向官府告状呢？”

张旺说：“我到昌乐县衙去告了状。唉！也怪我自己不好，旅店人多嘴杂，所以我在寄存时只说是一袋铜钱，其实里面装的全是银两。店主人开给我的也是一袋铜钱的票据。县太爷问了其余的旅客，他们也作证我寄存说的是一袋铜钱。现在，人证、物证都不利于我，我有口难辩呀。”

郑板桥听完后，便对张旺说：“你暂且去后舱好好地睡一觉，明天我带你去昌乐县，再由我来审理一番。”

第二天，郑板桥立即传令差役，把客栈的店主和所有的旅客都带到堂上来。一会儿，差役回禀：“除店主妇看家外，其余的人都已带到。”郑板桥一拍惊堂木，厉声对店主喝道：“你快把如何以铜钱调换银两的事从实招来！”店主大声呼冤，旅客们也跪下来替店主申辩。

郑板桥笑笑说：“我自小学过阴阳八卦和奇门遁甲，我会有办法来验证的。”他叫店主把手伸过来，提起朱笔在店主手心上写了个“银”字，随即命店主跪到院中太阳底下张开巴掌晒。

他说：“注意看好，如果你手上的这个‘银’没了，就罚你赔张旺银子。”店主颇感疑惑，只能站在那里小心翼翼地盯着手心里的“银”字，生怕晒没了。

过不了多久，郑板桥就把此案破了。

请问，郑板桥是怎么做的呢？

答案

21.

郑板桥再命差役把店主妇悄悄传来。他轻声对店主妇说：“你丈夫已招认了偷换张旺银两的事情，我看你也招了吧！”店主妇也是个老于世故者，她矢口否认有这回事。

郑板桥说：“那你听我来问他。”他提高嗓门问跪在烈日下的店主：“喂！‘银’字还在不在？”店主爽朗地回答：“还在！”

郑板桥对着店主妇勃然变色道：“你丈夫已经供认，难道你还要执迷不悟、拒不交代吗？”这时，店主妇才无可奈何地招认了夫妻俩偷换银两的事情。

郑板桥再把店主唤到堂上，店主见自己妻子这副腔调，知道事已败露，只得供认不讳。

22. 烧不焦的罪证

家住在村外的村民赵某，发觉其妻与他人私通，非常生气，扬言要杀死奸夫。

一天晚上，他妻子乘赵某喝醉，伙同奸夫用绳子将其勒死，并放火烧毁了房子。赵某的尸体被烧焦，颈部一片模糊。然后她报案说家里失火了，丈夫被烧死。

县令问赵某的妻子："你是否和丈夫同睡一个房间？"

赵妻回答："是的。"

"既然如此，为什么你的丈夫烧死了，而你却保全了性命？"县令又问道。

"起火时，我丈夫因喝醉了，睡得很死，我推不醒他，附近又没人，火越烧越大，我不得已才逃离火海，赶去喊人。"这位妻子哭诉着丈夫被烧死的经过。

但县令经过对尸体的颈部检查，立刻确定赵某是死后被烧。

试问：县令是用什么方法确定的呢？

答案

22.

人若活活被烧死，烟会随着呼吸进入呼吸道，咽喉内便会被烟熏黑，相反，则咽喉内不会被烟熏黑。

23. 从“头”破案

本田警长向侦探大岛本次郎报告，他接到国际刑警组织的通报，有一个罪犯，在夏威夷，一个月竟十余次潜入高级宾馆，盗走了许多旅客的现金和宝石。据可靠消息，此罪犯已抵东京，国际刑警组织现已经逮捕了几个嫌疑人，罪犯应该就在里面，但没有罪犯的照片。

大岛本次郎看了看国际刑警组织传过来的相关资料：罪犯是一个留着三七分头发的年轻人……

看到这里，大岛笑了笑，然后在本田耳边说了几句话。本田警长佩服地点点头。

不到一天，本田打电话给大岛说罪犯抓到了。大岛本次郎到底是怎么识破这个强盗的呢？

答案

23.

大岛让本田把嫌疑犯带到理发店把头发剃光。因为罪犯在哈瓦待了一个月，头皮上三七分界处有一条明显的黑线。那么谁的头上有这样的很明显的分界线，谁就是那个罪犯。

24. 凶器的证词

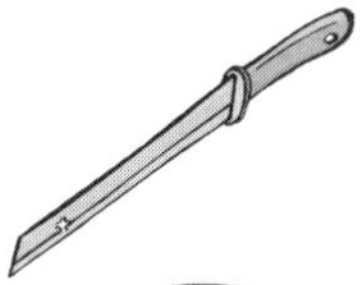

一天，波洛接到一个案子：大富豪爱森的儿子死了。

爱森有一个儿子，两个女儿，但他非常疼爱儿子，很早就立下了遗嘱，儿子是他全部财产的继承人。两个女儿都嫁人了，爱森只给了一笔可观的嫁妆给她们，其他就一点也没有了。

“你儿子有什么仇人吗？”波洛问。

“没有，他为人很好，从来没有得罪什么人。不过他谈恋爱了，认识了一个叫萨丽的女孩。这个萨丽有个男朋友。”爱森痛苦地说。

“你的意思是说萨丽的男朋友有可能。”

“是的，但没有证据，现场只找到了一把刀。”

“凶器都找到了，这个就容易了。”

“并不是那么简单，凶手很狡猾，刀柄上缠了一层绷带，因此没有得到指纹。”

“你能把凶器给我看看吗？”

爱森带波洛看了杀死他儿子的那把刀。波洛很仔细地看了看，发现绷带里面有些小蚂蚁。这点引起了他的疑惑。

“你能把和你儿子走得比较近的人的情况跟我介绍一下吗？”

爱森为了能把杀害儿子的凶手找到，也不厌其烦地把亲戚朋友都说了说。没等他说完，波洛打断了他，问道：“你刚才说你的二女婿有糖尿病，是吗？”

“是的。”

“爱森先生，我想他可能才是凶手。”

后来，警方证实了波洛的话是对的。你知道波洛是怎么推断出来的吗？

答案

24.

因为不仅有糖尿病的人，就是健康人行凶时过度紧张，握凶器的手都会出冷汗。糖尿病患者出汗更多，而且汗水里含有大量的糖分。爱森的二女婿有糖尿病，而且在财产的继承权上也有作案动机。

蚂蚁喜欢甜东西，因而被含有糖分的汗水浸过的绷带吸引了一些蚂蚁，波洛就是根据此查出了凶手。

25. 借签断案

一日，陈达与客栈老板赵富贵扯拽着来到县衙告状。

陈达诉道："小民陈达，以贩布为生。前天赵富贵到我处取走两匹细布，说好今日付钱，谁知今日我来收账，他竟矢口说不曾拿我布匹。小民的生意薄本小利，经不得讹骗，求老爷为小民做主。"赵富贵反唇相驳，两人竟在公堂面前互相斥骂。

黄知县一拍桌子，喝令他们噤声。待问过两人详情后，黄知县已明白几分，况且他早已听闻赵富贵的品行，就将计就计，试探一番。

黄知县走下公堂，和声和气地与赵富贵攀谈起来，言语间甚是投机。这时，黄知县见赵富贵胸前露出一副银牙签，便道："本官早有心打造一副牙签，终因无此物样。今借赵老板此牙签仿造一副，是否允许？"赵富贵忙说："老爷见外了，请随意仿制打造。"结果，黄知县就靠这一副银牙签，便破了此案。

你知道黄知县是怎样破案的吗？

答案

25.

黄知县让赵富贵稍候，言称寻匠人，看样定制。来到了后衙，他密遣一个差役，带上银牙签，扮作伙计模样，去赵富贵店中取布。

差役见了赵富贵的妻子，取出银牙签对她说："赵老板将前两天进的那两匹布转卖他人了，因故不能亲自来，派我代为取去，恐你生疑，以持银牙签为凭。"赵富贵的妻子细视银牙签后，确认是丈夫随身之物，深信不疑，便将陈达的布匹交给了差役。这样，证据确凿，赵富贵只好认罪。

26. “神米”破案

一天，乾隆和侍从扮成普通人出了紫禁城，突然被一阵吵闹声吸引了。

原来是珠宝铺的店老板正揪着两个人要去见官。原因是店老板刚才丢失了一枚玉佩。他认定就是这两个人中的一个偷的。两个人中一个是穿着体面的旗人；另一个则破衣烂衫的，但他们都说没有偷玉佩。

乾隆上前拦住了店老板，说能够帮他找出小偷：即让他们每人含一口神米，再吐出来，谁吐出的米变成了刀的形状，谁就是罪犯。大家一听，都议论纷纷，但店老板还是同意了，不管有没有试一下也无妨。

于是，乾隆命侍从拿来了“神米”，令每人口含一把，然后吐出来。破衣烂衫的人很快吐出了所有的米；而旗人却吐了半天也没吐干净。

乾隆玉扇一指，说他就是小偷。那么，乾隆是根据什么判断旗人就是凶犯呢？

答案

26.

所谓犯罪者心里有鬼。偷玉佩者心情紧张，势必造成口腔干燥，黏黏的唾液拌着干米，很难吐出来。乾隆正是利用了这种犯罪心理巧妙地查出了偷窃者。

27. 运动的墓碑

一天，侦探波洛在家正闲得无聊时，一位太太来上门拜访他，给他讲了一件不可思议的怪事。她说："3年前，我丈夫去世了，我为他建造了一座墓。前几天我去看他时，发现了一件奇怪的事。"说完她从手提包里取出一张照片递给波洛。照片上是一座很有特色的墓碑：在一块大基石的上面托放着一个大理石球。

"圆球形的石碑还是头一次见到。"波洛忍不住发表见解。

太太解释说："是很特别。因为我丈夫是个高尔夫球迷，这座碑是根据他的遗嘱立的。这张照片就是建成时拍摄的，球型碑的正面刻着的十字架了。现在，那块球形石碑已经向前转动了，十字架已经转到下面不见了。"

波洛对此奇怪的现象很感兴趣，立即要求带去看那座石碑。

墓地建在一个小山丘上，由两部分组成。下面是一个四方形的台石，看起来很沉重;台石上有一个直径100厘米的用大理石做成的石球。为了不使石球滑落，台面上凿了一个浅浅的坑，石球正好嵌在坑里面。

据那位太太说，石球上面的十字架差不多已经全隐没在坑里面了。浅坑里积了少量的水，周围长满了青苔。如果是人力所为，那在墓地和苔藓上怎么连一些痕迹都没有，而且这个石球这么大，一两个人根本推不动。

“会不会是地震的缘故？” 波洛问。

“开始我也这么想，可问过附近的人，都说最近几年从来都没有发生过地震。所以，我想一定是亡夫在显灵。”太太说。

波洛摸了一下浅坑里的积水，沉思了片刻后说：“太太，墓石的移动与你丈夫的灵魂没有任何的关系。”他明白了这是怎么一回事。

那么，你明白这是怎么一回事吗？

答案

27.

答案当然不是什么灵魂显灵。这个地方冬天特别冷，由于下雨落雪，使坑内积了水，到夜晚就结成了冰。白天的温度升高了，冰因受太阳的照射又融化成水，而北面由于没有太阳照射，仍结着冰。这样，沉重的石球会稍稍倾斜，从而非常缓慢地向南转动。正面的十字架也就渐渐地被隐埋起来了。

28. 窗户上的冰

冬日的一天，英国人米歇尔要到法国一个亲戚家作客。临走的时候他请邻居照看一下他的房子，因为这附近不太平，经常有盗窃案发生。

半个月后，米歇尔回来了，他刚刚走上台阶，当初答应帮他看家的邻居兰克急匆匆地跑来跟他说：“你家被盗了。”米歇尔大吃一惊，赶紧把门打开了，只见里面被翻得乱七八糟。

“你是怎么发现有盗贼来过了？”

兰克的样子好像很内疚，他用手比划着说：“那天晚上我听见屋里有动静，便想起你的嘱托，于是就冒着寒冷的风雪跑到你家门口，透过窗户看了看。你知道，因为天气很冷，上面都结冰了，我使劲哈了一口气，擦了擦一小块窗户玻璃才看到里面，结果就是现在这个样子了。”

米歇尔听完之后，想了想说：“兰克，你别骗我了，在我带你到警察局去之前，你还是把偷的东西都还回来吧。”

米歇尔这样说的理由是什么？

答案

28. 这又是典型的骗术。因为冬天天气再怎么冷，窗户外面都不会结冰，顶多有一层霜而已。这说明兰克在说谎。他这样做无非是在麻痹米歇尔。

29. 祝枝山捉贼

祝枝山是明代著名的四才子之一，他有一颗价值连城的夜明珠。

一天黄昏，夜明珠被盗，而能进入屋子盗取夜明珠的没有外人。于是，他把全体仆人叫到祠堂，祠堂里黑洞洞的，隐约可见供桌前面凳子上有一个钵子。

他说："大家知道我有一颗夜明珠，却不知道我还有一个护宝的法器——察心钵。没有做亏心事的人摸了它，会觉得沁凉润指；做贼的人摸了它，会立即被它粘住，并且大叫起来。"

他叫大家依次走过去摸这只钵，可直到最后一个人摸过了，也没有人发出声来。

祝枝山吩咐把灯烛点亮后，略一巡视，突然用手一指，厉声喝道："他就是贼！"于是命人把那人抓了起来。经审问，果然是那人偷走了夜明珠。

请问：祝枝山是根据什么作出判断的呢?

答案

29.

祝枝山在钵上抹了一层厚厚的黑油，凡是摸过钵的人，两手都是油黑的。偷夜明珠的人因为心虚，不敢摸钵，两手是白的。

30. 毙“猴”赔戏

顺治年间，在绍兴南乡有一无赖，人称“白眉猴”。他整日东游西荡，游手好闲，为非作歹。

这年春节期间，南乡请来戏班子搭台唱戏。一天清早，“白眉猴”见一位娇俏的女子在寺旁的树林里练嗓子，便上前去调戏。

原来，这女子是戏班子里的武旦。白眉猴掏出两块龙洋，一边往她手里递，一边动手动脚。武旦大怒，随即一脚将两个龙洋踢进了不远的池塘里。

此时，白眉猴气急败坏，上前抓住武旦的衣襟，要她赔钱。武旦“啪啪”两记耳光甩了过去，扭头就走。

武旦在前面走，白眉猴在后面追，追赶中，白眉猴失足跌进结着薄冰的池塘，他在冷水中挣扎了好半天。当人们把他捞上来的时候，已经断气了。

南乡地保见出了命案，便扣下戏班子，上报官府。此时的官府大人正忙于过春节，没有时间来管这事，就差绍兴师爷去了解处理。

“白眉猴”死了，人心大快，见师爷来到南乡，人们纷纷求师爷开脱女艺人。师爷查明了情况，当即点头应诺了。

师爷回衙后，写了一张呈文：“新春佳节，演戏庆贺，戏班武旦不慎误伤白眉猴，致其毙命。地方会议，罚戏一台作赔。情况属实，望准。”

知县看了呈文，批了一个“准”字。一条人命案子，就这样不再追究了。

试问，这是怎么回事呢？

答案

30.

知县不知“白眉猴”是个人，看完呈文大笑道：“管他什么猴，无非死只畜生，何必大惊小怪！不过，赔台戏也好，新年新岁让大家热闹一下。”于是，就在呈文上写了一个“准”字。

31. 兄弟打官司

清朝道光年间，安徽张家庄上有兄弟两人，兄长叫张震，阿弟叫张欣。兄弟俩租种几亩薄田，勉强糊口。

有一年，遇上旱灾，田里颗粒无收。在生活无着落的情况下，张震就东借西借凑些本钱，到汉口一带做起了生意。

说来也怪，张震做生意的运气特别好，过不了几年，就赚了许多钱。张震寄钱回家，买地造房，添置家产，并且供养其弟张欣读书成人。

多年以后，张震已是一把年纪的人了，他打算不再做买卖，回家乡去安度晚年。谁知张震刚回到家门口，其弟张欣竟翻脸不认人，喝令家人将他赶了出去。

这下可张震气得眼睛都直了。去告官吧，田园契约都在张欣手上，自己肯定要吃亏；不告吧，这些年来，明明是自己一个人在外面东奔西跑，饱经风霜，省吃俭用，好不容易才积攒下这笔家产，今天竟不明不白地被弟弟一人霸占了去，岂能甘心？

左思右想，张震心中不平，就去找县令百文敏。

百文敏下令将张欣带到衙门。张欣一上大堂就咬定说：“家中财产全是我一手置办，不信，契约字据可以作证。”说完，从口袋里摸出一大把字据来。

百文敏看张震一副老实巴交的样子，不像存心诬告，再看张欣有根有据，道理充足。但是，张欣年纪毕竟不大，又一直是读书人，看上去就不懂生财之道。不过，证据不足，难以定案，他只好吩咐退堂。

但是，过了几天，百文敏便想了一个办法，把这个案件给断了。

你知道他想的是什么办法吗?

答案

31.

过了几天，百文敏将张欣带到县衙，喝问："本县刚查获一桩盗窃案，据盗犯招认，他的赃物全部窝藏在你的家中，你枉读诗书，竟干出这等无法无天之事，岂有此理！"

张欣吓得连忙说："回禀大人，生员一直在家读书，与外人从不来往。兄长张震在外经商，走南闯北，结交三朋四友，或许其中藏有隐私。家中之物都是张震购置，与我无关。"

"哦，家中之物都是张震购置？"

"一点不错。"

百文敏顿时把脸一沉："大胆张欣，竟霸占兄长家产，丧尽天良，国法难容，革去生员，家产全归还兄长所有。来呀，将张欣轰出公堂。"

32. 巧用木桶计

宋朝仁宗年间，河南洛阳城外有个姓李的人家，那年洛阳发生水灾，在生活无计的情况下，弟兄俩便把破衣裳、旧棉被装进一只木桶里，两人抬着到外地谋生去了。

李家弟兄俩在外面苦干了几年，挣了 60 两银子，还买了许多衣服，他们把银子裹进衣服里，然后装到木桶，用盖子盖严，准备抬着回家去。

这天，弟兄俩走到天长县，天黑已经了，住进天长县城一家客栈。到半夜，弟弟忽然肚子疼，哥哥就背着他到处找郎中。

天亮时，弟兄俩赶回客栈，想拿些银子付郎中医药费。不料，木桶被人翻过，藏在衣服里的 60 两银子不见了。

这间客房，只有店老板和老板娘来过，不是他们偷的，还会有谁？可店老板和老板娘说这弟兄俩存心敲诈。双方争论不下，就来到县衙打官司。

当时，包拯任天长县县令。他叫人把那个大木桶抬到后院。他围着大木桶转了转，然后附着一个当差的耳朵说了几句话，又回到大堂上。

包拯对店老板和老板娘说："依我看，是他们诬赖你夫妇二人，现在将那只大木桶判给你们，快到后院去抬吧！"

一会儿，包拯就把这个案子断了，责罚了那对贪心的夫妇，把银子还给了弟兄俩。请问：包拯是怎样破案的呢？

答案

32.

店老板和老板娘一听，高兴地抬起那盖得严严实实的大木桶就往家走。走到半路，店老板回过头，见四下里没人，笑嘻嘻地说："咱们拿了他们 60 两银子，还得了这一大桶衣物，真是发财啦！"

两人正说得高兴，忽然呼啦一声，木桶上的盖子掀开了，从里面跳出一个当差的，对他俩说："你们的话我都听到了，现在回衙门去听候处理吧！"

就这样，包拯略施小计，就取得了口供和证据，惩罚了这对贪心的夫妇。

33. 两碗寿面

一天，一个白发老妇到襄阳县衙来告状。她一上堂就一把鼻涕一把泪，哭得十分伤心。

老妇说，她的媳妇金氏忤逆不孝，平日里从来没有好好服侍过她。今天老妇过生日，金氏竟只给烧了一碗青菜萝卜汤，而她自己却在房里吃鱼吃肉。婆婆一气之下，跑到县衙来，要许大人替她做主。

许大人马上派人将金氏带上堂来，惊堂木一拍，问道："金氏，你为何忤逆不孝，不敬公婆，快快讲来！"

金氏竟同哑巴一样，只知道低头呜呜地哭，什么话也不肯说。

这一来，许大人可就为难起来了，看着婆媳俩都哭哭啼啼，他感到束手无策。

这时，他想出了一个办法。他平心静气地对婆婆说："你媳妇不孝，实在不该。不过，本县身为百姓的父母官，却使百姓中出了如此不孝之人，实在也要负教化不明的责任。今天本县摆下两碗寿面，一来为你祝寿庆贺，二来使你婆媳和好，可好？"婆婆连忙叩头谢恩。

许大人让人在大堂上摆开一张长桌，搬来两把椅子，让婆媳两人面对面坐下，又亲自到后堂安排。

不一会儿，差役端上两碗热气腾腾的寿面，婆媳两人你看看我，我看看你，实在弄不懂，再看看堂上的县官许大人，正在笑眯眯地看着她们，只好端起碗吃了起来。

过不多久，许大人就把案子断清了。亲爱的读者，你知道他是怎样断案的吗？

答案

33.

婆婆和媳妇吃完面后，都感到腹中一阵难受，竟当场把吃进去的东西通通吐了出来。两旁衙役走过去一看，只见婆婆吐出来的是些鱼肉面条，而媳妇吐出来的却只是些青菜萝卜。

原来，许大人在两碗寿面里放进了呕吐药。当然，谁是谁非，这时都非常清楚了。

34. 尼罗河上的凶杀

尼罗河——非洲大陆的母亲河日夜流淌。一天，在流经埃及阿斯旺的水面上发现了一具尸体。

方圆百里没什么人，只有一个渔民，他报了案。警察仔细检查了尸体，发现死者胸前有很多横七竖八的刀痕。发现尸体的渔民说："大概是溺死的，最近已经不止一次发现溺水身亡的人了。"

"那尸体上怎么有伤痕呢？"

"可能是一些游艇的螺旋桨划的，谁知道水底有死人呢？"渔民很无奈地说。

警察略思考了一下，让助手们搜查渔民的那只渔船。

助手们在渔船的舱底查出带血的砍刀。原来，正是这个渔民砍死了被害者，又将他丢入尼罗河的。

那么，警察是怎么判断出来的呢？

答案

34.

警察是根据死者身上的伤痕判断的。被水溺死的人怎么胸上有那么多横七竖八的刀痕呢？而且即使是由螺旋桨划伤的，也只能是有规律的三道一组的伤痕。

35. 计斩恶霸

唐朝时，卫县大恶霸冯弧倚仗姐夫是朝内的吏部侍郎，无恶不作。

一次，他和别人下棋，在输棋后一怒之下，竟砸死了对方。此案告到知县张方那里。张方写了判处冯弧死刑的案卷，呈报到京城。吏部侍郎把此案接过来批道：此案不实，请张县令另议。

将案卷退回后，吏部侍郎又暗暗给张方写信，说明冯弧是他小舅子，让他从轻处理，将来保举张方晋升高官。张方十分愤慨，又把案卷呈报上去，几日后仍被退回。

张方知道吏部侍郎有意包庇冯弧，再这样呈报，肯定不会批准。于是他冥思苦想了几天，终于想出了一个办法，使吏部侍郎批准将冯弧斩首。

试问：张方想的是什么办法呢？

答案

35.

张方心生一计，在案卷上写道："杀人犯马瓜，无故将人杀死，欲予斩首示众，特报请审批。"第三次送到京城。

吏部侍郎见了，没细看案卷中的内容，就提笔批了"同意处斩"4个字。批文回来后，张方在"马"字前添了两点，在"瓜"字旁加了"弓"字，变成"杀人犯冯弧"，这个不可一世的大恶霸终于伏法了。

36. 网球场上的脚印

星期二晚上，英国芭蕾舞蹈家尼斯和妻子正在看电视。突然，电视里播出了一则新闻：银行家洛依特的夫人被杀了。本来这样的新闻并不新鲜，但电视里说目前的嫌疑犯是个叫安娜·霍普森的女人。这点引起了尼斯的注意，因为安娜是他的同事。

新闻的内容大致如下：

上个星期日的早晨，在富商洛依特别墅的网球场上，发现了洛依特夫人的尸体。她的心脏里被射入了一颗子弹。从伤口外观上看，凶手是近距离射击，离死者不到 1 米。死亡的时间在星期六晚上 8 点左右。作为现场的网球场，因星期六早上下了雨，地面又湿又滑，所以现场留下的高跟鞋印清晰可见。奇怪的是，进入现场的高跟鞋却只是一个人的，离开现场的高跟鞋也是一个人的。而这两种脚印差不多。从现场勘察看，死者是他杀，凶手制造了死者自杀的假象。

目前警方已经把安娜·霍普森监视起来了。因为据洛依特夫人的女仆说当天晚上夫人与安娜小姐8点约在网球场见面，这是她亲耳听到女主人在电话里对安娜小姐说的。安娜·霍普森对此予以否认。

尼斯看完这段新闻后，说：“我觉得安娜就是凶手，和她共事这么多年，我了解她很可能做出这种事来。”

妻子说：“可是现场的脚印怎么只有一个人的？从现场勘察看，没有她走进网球场的脚印，这怎么解释？”

听到这，尼斯也无语了。

第二天晚上，尼斯从芭蕾舞团回到家，兴冲冲地跟妻子说：“我知道安娜是怎样走进网球场的了！”

那么，你知道是怎么回事吗？

答案

36.

安娜是穿着芭蕾舞鞋踮着脚走到网球场上的，同时，她还准备了另一双高跟鞋。在她杀死伊特洛夫人后，就脱下芭蕾舞鞋，换上了准备好的鞋子，然后打开手电筒顺着来时的鞋印走回去。由于芭蕾舞鞋印的痕迹比较浅，很容易被高跟鞋的鞋印覆盖，这样现场就只有一个人的脚印了。

37. 儿子属谁

明朝一户人家，姐夫和内弟同在一个私塾里读书，姐姐和她娘家弟媳同时怀了孕，不久，姐夫和内弟又相继得病死去。十月怀胎，姐姐和弟媳又同时生了孩子，一个女孩，一个男孩。满月后的第三天，弟媳来县衙告状，说婆家姐姐在回娘家时把她的儿子换成了女孩。

知县孔铁林接案后，连审两堂也没问出头绪来。两方互不相让，两方证人都分别证明二人生的是男孩。

这下可真让孔铁林犯了难。这天夜里，孔铁林猛然想出了一个好办法，他传话明天晚上再审。

第二天晚上，月色朦胧，孔知县端坐在西花厅上，紧靠花厅的栏杆外边就是一个半亩大的荷花塘。原告、被告和证人带到后，双方还是各执一词，吵得孔铁林心烦意乱，一甩袖子，回内室去了。

花厅里一时鸦雀无声，众人面面相觑。知县夫人走出来说：“为了这个男孩，老爷都惹烦了，想必是长得姣好，才争成这个样子。让我来看一看。”说着，就从姐姐怀里接过孩子，抱进了内室。

片刻，孔铁林走出来继续问案，依然问不出啥名堂来。他顿时火冒三丈，手执惊堂木，在案桌上拍得“啪啪”震天响。

正在这时，用人把小孩抱出来了，说是夫人已经看过。孔知县随手接过来，怒气冲冲地指着孩子道：“为你这乳臭未干的小儿，累得我连审两天，还未审清问明，像你这种婴儿，白白给大人添了烦恼，要你何用！”

说罢，两手一扬，就把小孩子扔进了荷塘，只听“扑通”一声，那小孩子在水面上蹿了两蹿，就沉下水底。这一下，顿时吓呆了原告、被告、衙役和证人，花厅里立刻乱起来。

姐姐跑到塘边，捶胸顿足地呼叫起来："快捞人哪！可别淹坏俺的孩子哟！"而弟媳妇一听见响声，就疾步蹿到塘边，"扑通"一声和衣跳进荷塘，扑到水里去救孩子。

案子就这样轻松地破了。聪明的读者，你猜到结果了吗?

答案

37.

孔知县让人将弟媳妇救起来，此时，花厅里添灯加亮，如同白昼。

孔铁林再次升堂，手捋胡须，威严地说："此案已明，本县心中有数。"命姐姐如实招供，若再谎言狡辩，一定严惩不贷。姐姐只得如实招供了移花接木、偷梁换柱的"夺子之计"。

而那扔在荷花塘里的小孩，则是用红绸裹着的一条5斤重的大鲤鱼，孩子在主人床上睡得正香呢！

38. 一坛红枣

从前，有位商人要外出去做生意，由于家中没有其他人，他把一坛银子假说是红枣，封好后托邻居保管，说是很快就回来。可商人一去，竟3年没有回来。一天，邻居打开坛子，只见白花花的银子，就全部拿出来占为己有。

不久，商人回来了，邻居在坛子里装满红枣，照原样封口以后还给商人。商人打开一看，银子变成了红枣，就问："坛子里的银子呢？"邻居回答说："你交给我时说的是红枣，哪里来的银子呢？"两人说不清，理不明，争吵起来，就一同去见了县官。

公堂上，邻居抢先说："他把坛子交给我时说是红枣，根本就不是银子。"县官仔细看了看这坛红枣，把桌子一拍，要邻居立刻把银子交出来，否则要用大刑。邻居大呼冤枉，否认拿到银子，但当县官讲出理由时邻居便低头认罪。试问：县官说了什么呢？

答案

38.

县官说："商人外出3年，红枣早已干枯霉烂，现在红枣新鲜完好，明显是才放进去的。"这时邻居无话可说，乖乖地交出了银子。

39. 谁是偷画人

一天，华生受收藏家马恩的邀请，到他家去欣赏刚刚收集到的一个珍贵古玩。看来，爱好古玩的华生是要在马恩家住上几天了。

几天后的一个早晨，四周还没有完全亮起来，华生晨练从马恩家后门路过。老远就见一辆小车停在门边，一个穿戴整齐的人从屋里走出来，塞给司机一个长方形的小盒子，汽车紧接着启动开出，无意中撞翻了一只垃圾筒。

华生觉得不对劲，便急步上楼，刚敲了一下门，马恩就应声道："请进。"华生推门而入，马恩正在穿衣服，左胳膊还在外面，右胳膊套在衣袖里。

华生将刚才所发生的事一说，马恩大吃一惊，马上穿好衣服来到收藏室，那幅油画真的不见了。马恩呆立那里，一动不动。华生笑了说："你是想得保险金才把画拿走的吧。"

华生为什么这么说呢？

答案

39. 华生是进屋看到马恩当时的情况才作出这个判断的，因为一般人穿衣服都是先穿左胳膊的。所以当时马恩不是在穿而是在脱，这说明他刚刚出去过。

40. 未昧天良

一天，县衙门来了一老一小两个人，老的告小的忘恩负义，小的告老的背信弃义。小的叫苏小良，老的名唤周进。

苏小良幼年丧亲，从小在周进家寄养长大。不久前，苏小良提出另立门户，自谋生计，并向周进索取当年父亲托其保管之银。而周进矢口否认有这件事，故互相争吵着来到县衙。

苏小良说："县太爷，父亲死那年，我已有 6 岁，虽年幼但已懂事。我清楚地记得，先父临终之前，取出白银 2500 两，交付给周伯父，并当面讲清，1000 两作为我的养育之费，还有 1500 两托伯父代我保管，等我长大以后，给我自谋生计。我今年已有 18 岁了，理应自立，故而向伯父讨取，想不到周伯父竟一口否认。请老爷公断。"

周进马上说："县太爷，我与他父亲情同手足，他父亲临终时只留下一间破屋和一个孤儿。为不负朋友之托，我卖掉破屋为他安葬，并历尽艰辛，将苏小良抚养成人。想不到今天他养育之恩不报，却反咬一口，请县太爷明察。"

苏小良说得头头是道，但无真凭实据，周进的话合情合理，但无旁证可依。这案怎么断？这时，旁边的师爷想了个办法，很快就搞清了事实，作出了正确判断。

请问，师爷想的是什么办法呢？

答案

40.

县令惊堂木一拍，大喝一声："周进，我看你一脸奸相，一定是你见苏小良软弱可欺，想贪没这笔钱财。看来你是不打不招，来呀，给我打！"

左右衙役一拥而上，把个周进老头吓得瑟瑟发抖，未打几下，已呻吟不已。跪在一边的苏小良见了大声叫起来："大老爷，别打了，是我忘恩负义，空口无凭说他勒索钱财……"

县令一听，大发雷霆："好呀，你小子无事生非，戏弄本官！来呀，换打苏小良，给我重重地打！"

差役们按倒苏小良，棍棒齐下。此时，周进在一旁痛哭起来："大老爷，别打了，都是我错，大老爷息怒。苏小良的父亲临终时确留有白银，我想苏小良当初年幼，又无凭据，存心贪没这笔钱财。刚才我在挨打之时，苏小良自愿承担诬告之罪，我受良心谴责。他有情，我岂能无义，确实是我不对啊！"

41. 门镜的作用

一天，歌星马丽安在家中被人杀害了。

杰克探长接到报案后，很快赶到案发现场，只见马丽安小姐穿着一件睡袍卧在血泊中，胸口遭到致命的一刀。

杰克仔细检查了一下门锁，发现这锁是带有双保险的那种，没有钥匙是无法从外面打开的。门上又没有被撬过的痕迹，因此毫无疑问门是从内部打开的。杰克还住注意到房门上还有一个能够向外窥视的“猫眼”——门镜。杰克从“猫眼”向外望了一下，门外的一切都看得很清楚。

一会儿，法医的化验报告送到了杰克手中：死亡时间为昨晚7点半至8点半左右。

杰克马上找来公寓管理员，请他试着回忆一下，昨晚7点半至8点半这段时间里，都有谁来过公寓，包括找其他住户的人。

管理员仔细地想了想说：“昨天晚上来公寓的人比较少，在这段时间里只有两个人，一个是一个附近送外卖的人，另一个是马丽安小姐的男朋友。”

杰克立即传唤了这两个人，送外卖的说：“昨天下午马丽安小姐说7点半送一份外买过去。我按要求晚上准时到了她家，按门铃却没人开门，我在门外等了15分钟就离开。”

马丽安的男朋友十分悲伤地说：“我昨天和马丽安约好8点去一个宴会的，可是当我到了她家，怎么按门铃，也没人开，我只好独自一个人去了。”

杰克探长思考了一会儿，深深地叹了口气后问死者的男朋友：“收起你的假慈悲吧，马丽安是你的女朋友，你怎么能忍心杀她呢？”

年轻男子的脸一下子变得灰白，他蓦地站起来，说：“你，你怎么能血口喷人呢？”

“先生，不要激动。”杰克探长语调平缓地说，“事实会证明我的判断是正确的。”

那么他是如何得出这一结论的呢？

答案

41.

杰克探长是根据死者身上只穿了一件睡衣和猫眼来判断的。因为他已经判断是死者自己开的门。马丽安肯定会从猫眼中看来人是谁。那么只有当来访者是很熟悉的人，死者才会穿着睡衣而不用换衣服就去开门。所以这个熟人当然就是死者的男朋友了。

42. 老驴识家

据说包拯去陈州放粮时，途经一小镇，发现一老一少在集市上扭打。包拯便让马汉把两人带来询问，两人来到包拯面前，双膝跪下，各自诉说自己的情况。

这个少年声称自己名叫赵兴，因母亲有病，无钱医治，无奈便把家里养的毛驴牵到集上去卖。牵到集上，便把毛驴拴在一棵树上，然后去厕所解手。谁知出来时，毛驴就不见了。

他非常着急，连续找了 3 天都没找到。第四天，他再次来到集上，发现一位老汉牵的驴正是他丢的，便上前去抢夺。老汉不给，就这样两人打吵了半天。

赵兴流着眼泪说："大人，我母亲的病全靠卖这头驴医治呢，请大人一定替小民做主。"

一旁的老汉说："小民马来顺，这头驴我已饲养三四年了，这个年轻人硬说是他的，这不是大白天说梦话吗？"

包拯听了，微微想了想，问道："你两家离这里有多远？"

赵兴说："我家住在赵家村，离这儿有 7 里地。"

马来顺说："我家住梨树湾村，离这儿有 12 里地。"

包拯听了，说道："你俩在此候审，我自有安排。"

过一会儿，案子就侦破了。

试问：包拯是怎样安排的呢?

答案

42.

包拯叫马汉把驴牵走到没人的地方，任其吃草走路。就这样，毛驴吃一会儿草，走一会儿路，一直走到赵家村赵兴家门口，头都没有抬，就进院里去了。

包拯听了马汉的禀告，对马来顺喝道："马来顺，你这无耻小偷，在光天化日之下竟敢偷人家的毛驴，还倒打一耙，蒙骗本官，你可知罪？"

马来顺吓得立即求饶："大人息怒，小人知罪了，下次再也不敢了。"包拯令衙役责罚了马来顺，并把驴判还给了赵兴。

43. 抽烟判案

李文德和柳吉生为了一根旱烟管争吵到县衙，柳吉生说："这烟管是我花重金购买的，是我心爱之物。"

李文德说："这烟管是我父亲留下的，我们已经用了二十多年了。"

县令李绍听完他们的陈述后，叫衙役将这烟管呈上来。烟管一尺多长，杆是木质的，烟杆的上端刻有"癸未仲夏"4字，烟斗和烟嘴都是铜的，烟斗的磨损不大，烟斗和烟嘴上没有什么污秽，擦得很光亮。

看完后，知县问李、柳二人："这烟管值多少钱？为何吵闹不休？"

柳吉生说："这烟管是花5两纹银买的，虽不是很好看，却是我心爱之物。现今仍值5两银子。"

李文德说："这烟管其木身不值3钱银两，但是我父亲留下的，已使用了二十多年，烟杆用有毒的黄藤做成，用这管烟袋装烟可以克毒，正是这样，就算10两银子也不止。昨天柳吉生来我家抽烟拿走了，今日我向他讨还，他却说是用5两银子买的。"

李知县听完他们的申述后，独自沉思，心想：今年是庚戌年，"癸未仲夏"至今也有二十多年了。

他想到这儿，连忙拿起这烟管对堂下李、柳两人说："这烟管确实不错，制作精细，取材黄藤。根据你们两人所述，都无证据，这叫我断给谁都不公平。现在本县就按你们二人所述的价格之和 15 两纹银买下。但你们都喜爱这烟管，今天本县就让你们在堂上各抽 3 袋烟，抽完后，你们各取一半银子回去。"

两人抽完烟后，李知县即断定柳吉生是强拿别人烟管的人。请问，你知道这是为什么吗？

答案

43.

李知县看着他们各抽完 3 袋烟后，便大声喝道："大胆柳吉生，胆敢强拿别人烟管。这烟管上刻有'癸未仲夏'，癸未年至今年庚戌年已 27 年。烟斗上并无太大的磨损。你抽 3 袋烟时，吹不出烟灰，连续在地上重打，照此抽法，这烟斗早无残存了。李文德抽烟吹不出烟灰，用头上之发簪挑出，可见他对烟斗之爱护。据此，烟斗之主必是李文德无疑。柳吉生，还不从实招来？"

柳吉生被问得哑口无言，只得供认了自己的贪心行为。

44. 谁偷走了运动鞋

一天，育才中学初二年级的两支足球队要比赛了。突然"旋风"队的队员曾涛大叫起来。

"什么事？"队长马克问。

"马上就要比赛了，我的运动鞋竟然不见了。"曾涛焦急地说。

"不要慌，好好想想你有没有放到哪里去了"马克不慌不忙地说。

"绝对没有，我敢担保。"曾涛说。

"那么是有人故意偷了你的鞋了。偷走你的人目的是什么？肯定是想阻止你参加比赛。那么是谁希望你不参加比赛呢？"

"'沙暴'队的队员们肯定不希望你参加，因为这样会使他们少一个劲敌。"队员们纷纷附和道。

"不会是他们队的人偷走了运动鞋，因为他们不可能进到我们的休息室。"队长马克镇静地说。

"如果这样的话，那么就只有一个人有偷鞋的嫌疑。"

后来，果真在"他"那里找到了运动鞋。这个"他"是谁呢？

答案

44.

这个"他"就是红队的候补队员。他想上场，但苦无机会，于是他就偷走了曾涛的鞋。因为曾涛没有鞋无法参加比赛，他就可以补曾涛的缺上场比赛了。

第二篇

虚虚实实

越是精彩的案件变化越多，情节越曲折，因为它的幕后操纵者在和你变着法捉迷藏。这时你该怎么办呢？在这一章里，智慧的侦探家教你如何在变化中培养自己的应变能力。

45. 失手的魔术师

表演活埋的魔术师让现场观众随便抽签，然后到铁匠铺里买一个长宽高都是2米的大铁箱子。然后，他再请人检验，确定没有问题后，他走进箱子中，由助手上锁。接着，铁箱子由电梯运到楼下花园里，助手当场在花园里挖一个大坑，再把箱子直接埋进去。

接下来的两个星期时间里，每天都有志愿者看守在花园里，志愿者总有3人以上，防止有人被买通。两个星期后，助手把箱子被挖出来，然后由电梯运上舞台。助手慢慢地打开铁箱，只见那个神奇的魔术师竟然神采奕奕地跑了出来，甚至连发型都没有乱！

可在上个星期的表演上，魔术师竟然失手去世了！当他的助手当众打开铁箱的时候，人们发现了魔术师的尸体，那情景真是太恐怖了。

戈麦斯听说这件事后，便打电话告诉警长乔治说："这次失手的表演，我觉得像是一起谋杀案件！那个助手的嫌疑很大。"

乔治警长说："先生，你为什么这么肯定呢？你连现场都还没去，怎么就能肯定助手是嫌疑犯呢？"

戈麦斯不慌不忙地说："整个魔术其实只有一个地方可以作弊，找到这个地方，便可推理出助手的嫌疑了。"

那么，聪明的读者，在没有任何提示的情况下，你能找到这个神秘的地方吗？

答案

45.

可以这样分析：既然是活埋，自然是埋在花园里，既然要将人埋在花园里，为什么不把表演场地设在花园里面，这样不是可以免去搬运铁箱的麻烦工作吗？

还有，为什么铁箱从地里挖出来后不直接开锁，非要再运回舞台呢？那是因为被埋的铁箱不是锁了魔术师的铁箱，铁箱在从楼上舞台运到花园里的时候已经被换掉了，而换的场所就是电梯。

这其实是一组双层电梯，上下两个电梯内部的装饰完全一样，使人分不出彼此。而一个长宽高各为2米的铁箱在放进电梯以后，里面肯定是不能再站其他人了，于是现场观众必须要走楼梯或乘另一部电梯。

这样，当电梯到达底楼时，出现的铁箱其实是没有魔术师的另一个箱子，等到铁箱埋入地下10天以后，再采取相同的办法在电梯里将两个铁箱换过，魔术师的活埋表演就完成了。说穿了，这只不过是一个障眼法而已。

魔术师的助手为了除掉他，故意没有更换铁箱，而是把装有魔术师的铁箱直接埋到地下，这样魔术师当然"失手"，死在了铁箱里。

46. 走私者的秘密

老保罗是一名负责检查入境旅客的检查员，他经验丰富，走私品无论藏在木材里还是汽车轮胎里，他都能毫不费力地找出来。走私商人都对老保罗敬而远之，宁可绕行很远也不愿从老保罗的辖区过关，只有德马克除外。

德马克每次只从老保罗的辖区经过，而且每次都主动配合老保罗的检查工作。让老保罗恼火的是，他担任检查员20年的时间里，从来没有查到过德马克携带任何走私物品。

老保罗好几次几乎把德马克崭新的宝马轿车拆散，每个零件都取下来详细检查，可也只有随身携带的私人物品。德马克不但不生气，甚至还上前帮忙，从早晨一直忙到傍晚，一句怨言都没有。最后，毫无办法的老保罗只好放行。

年复一年，老保罗快退休了。老保罗指望能在最后的任期里找到德马克走私的秘密。

这天，老保罗最后一次来到检查站上。这时德马克的银色宝马轿车也缓缓出现了。这次老保罗没有像往常一样开始严格检查，而是拍拍德马克的肩膀说：“德马克，你真是个聪明人，虽然我知道你一直在走私东西，可就算翻遍车子我也找不出来。如果你愿意的话，我很想知道你到底把东西藏到哪里，20年来我猜想过无数次。我向上帝发誓，我这么问纯粹出于好奇，绝对不会将秘密透露给任何人的。德马克，满足一下一个老人的好奇心吧。”

德马克对老保罗说：“其实说穿了一文不值，你只是没有想到而已。”

接着德马克把嘴凑到老保罗耳朵旁边，轻轻说了一句话。老保罗先是惊愕地睁大眼睛，然后忍不住大笑起来，他笑得那么欢畅，简直眼泪都快笑出来了。

聪明的读者，你知道德马克把走私的物品藏在哪里吗？

答案

46.

就算老保罗把轿车完全拆开来，也是找不到走私品的。最明显的东西最容易被忽略，德马克走私的就是宝马轿车。他15年来每次都开一辆宝马轿车过境，而老保罗却总以为走私品藏在轿车里，可是却没想到眼前的轿车就是走私品。

47. 自杀还是谋杀

这是个炎热的夏天，来墨西哥城度假的柯南探长，此刻正躺在新世纪宾馆的房间里，可恼人的是宾馆的空调坏了，36℃的高温让人昏昏欲睡，探长感到异常烦闷。

“砰！”一声沉闷的声响打断了柯南探长的思绪，凭借职业敏感，他分辨出这是一声枪响。柯南马上和服务员到楼上的房间里查看。

服务员打开房间，只见一个男青年倒在血泊中，子弹穿透了他的心脏，看来是没救了。他的手上握着一把手枪，遗书端端正正地放在桌子上，房间里到处散落着乱七八糟的手稿，窗户紧紧地反锁着。

服务员尖叫着报了警，柯南则继续查看现场。死者似乎是一个不成功的作家，他留下的遗书里充满了对自己命运的失望，看来是因为梦想不能实现而自杀。

随后赶来的警察开始整理证据，他们检查了手枪，发现这把枪上只有死者本人的指纹，手枪只射出过一发子弹。经过笔迹对比，遗书也是他本人写的，看来这是一起自杀案件。

“为什么有这么多人想不开呢？”警官挠挠头说，“柯南先生，谢谢你帮助我们的工作。”

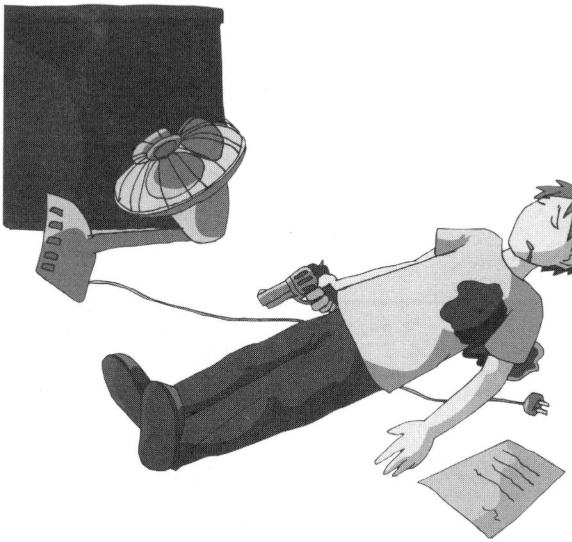

“不客气。”柯南摇摇头说，“大家都是同行嘛。唉，这鬼天气还真是热啊！”他四处寻找电扇，却发现电扇掉在桌子下面。原来自杀者倒下的时候刚好压到了电源线，带倒了电扇。

既然事情已经弄清楚，下面的工作就是清理现场了。柯南打算和同行多聊聊，便拽起电源线，把电扇放回桌子上，然后插上电源，电扇立刻转动起来，柯南感觉舒服了许多，同时想到了什么。

“不对，弄错了！”柯南说。然后，他说了一下理由。

警官点点头：“我同意，原来真相是这样的！好像这不是一桩自杀案件！”

聪明的读者，你觉得这是一桩自杀案件，还是一桩谋杀案件呢？

答案

47.

毫无疑问，这是一桩设计巧妙的谋杀案件，要不是死者碰巧带倒了电扇，连柯南也几乎被瞒过了！

可是，插上电源以后电扇马上转动起来，说明死者碰掉电扇电源线以前它是开着的，而如果在开枪的刹那电扇还在转动，遗书就不可能端端正正地放在桌子上。因此，遗书是被人放上去的，而这个伪装的自杀案件也就露出了马脚。

48. 天书遗嘱

库恩是一个盲人，他非常喜欢写作，经过数十年的努力，他终于成为一名成功的作家。简恩是库恩的好朋友，他是一名盲人歌手。相同的经历使库恩和简恩成了亲密的朋友。

这天，简恩演出回来，顺道探望重病在床的库恩。库恩紧紧握住简恩的手，喘着气对简恩说道："你是我最好的朋友，我最信任你。有件事情托付给你。我死以后，就从我的遗产里划出一半，也就是 100 万美元留给残疾人福利机构，希望能帮助更多的残疾人。现在，我就开始写遗嘱，然后由你保管它。"

接着，库恩让他的妻子拿来纸笔，他在床头摸索着写好遗嘱，装进信封里亲手密封好，郑重地交给简恩。

简恩接过遗嘱，慎重地把遗嘱专程送到银行保险箱里保存起来。半年后，库恩死于癌症。在库恩的葬礼上，简恩宣布了他的遗嘱，大家都为库恩的爱心而感动。而当残疾人福利机构的代表郑重地打开密封完好的遗嘱时，却吃惊地睁大了眼睛——里面竟然是一张白纸！

简恩根本无法相信，库恩亲手密封、自己亲手接过并且由银行保管的遗嘱会变成一张白纸！他仔细回忆，整个过程没有丝毫能够引起怀疑的地方，进了银行的保险箱，谁都无法更换涂改，别说密封还是完好的呢。

这时来参加葬礼的尼克探长对简恩说："简恩先生，虽然这只是一张白纸，但库恩先生的遗嘱仍然成立。"

众人都疑惑不解，尼克探长又说了几句话，众人恍然大悟。

聪明的读者，你知道是什么原因吗？

答案

48.

其实，库恩的妻子为了保住遗产，故意把没有墨水的钢笔递给库恩。由于库恩和简恩都是盲人，自然也就没有发现，没有字的白纸最终被当成遗书保存下来。

可是，虽然没有字迹，但钢笔划过白纸留下的笔迹仍然存在，如果仔细鉴定是可以分辨出来的，所以尼克探长说遗嘱仍然有效。

49. 店员的智慧

一天下午，珠宝专卖店里来了一对夫妇。丈夫身穿高贵的西服，手上拿着一个不锈钢保温杯，夫人身穿时髦的长风衣，两人看上去都很阔气。

这时，丈夫礼貌地告诉店员，今天是他们的结婚纪念日，所以打算替夫人挑选一些首饰。店员热情地为他们介绍了各种款式和最近优惠的几个品种后，那对夫妻商量了一下，决定先试戴看看。

接着他们出示了贵宾卡，这是极少数顾客才持有的卡片，标志着顾客的地位和诚信。于是，店员为他们提供了单独的试戴间，根据他们的要求将珠宝送进去给他们试戴。

这对夫妇在店里待了整整一个下午，几乎试过了一半的珠宝，最后，他们决定购买一套项链和一对手镯。

就在收银员准备为他们结账时，一个店员忽然注意到站在丈夫身后的夫人好像很紧张，捧着不锈钢保温杯的手在微微颤抖。丈夫笑着解释说，夫人神经方面有点病症，大夫嘱咐每隔半小时必须吃一次药，所以才会随身带着杯子。他出示了口袋里的药物，又打开杯子给店员看，杯子里是满满一杯咖啡。

夫人向店员微笑着表示歉意，同时喝了一口咖啡，证明这里面确实只是咖啡而已。店员有些迷惑，她总觉得什么地方有点不对劲，可具体又说不出哪里有问题。这对夫妻持有贵宾卡，要对他们进行搜查是不可能的。何况楼上负责接待的店员没有发现珠宝被盗，要求检查更是毫无道理。

这时丈夫取出一片药递给夫人，夫人则接过药片，喝下一口咖啡。接着，丈夫拿出信用卡，准备付钱。这时，店员忽然想到了什么，她毫不犹豫地报了警。

很快，警察在装咖啡的杯子里找到了 4 件珠宝，而这些珠宝都是他们用赝品替换下来的。经过调查，警察发现连贵宾卡都是伪造的。大家都对店员的聪明细致赞不绝口，聪明的读者，你知道店员是如何看出破绽的吗？

答案

49.

找到自相矛盾的地方，是逻辑推理的重要步骤。丈夫说夫人患病，每隔半小时必须吃一次药，为了证明，两人还在店员面前表演了一次吃药过程。

可是，两人在店里已经待了整整一下午，如果半小时需要吃药一次的话，至少也吃了五六次药，可咖啡杯还是满满的，这说明下面一定有东西。

50. 上校的秘密

在第一次世界大战期间，同盟国指挥官华蒙托夫投降了协约国，这对同盟国非常不利。华蒙托夫熟知同盟军的战术、兵力分布甚至将领的习惯，这些绝密情报让他成了同盟国军队的头号敌人。

同盟国军队曾派出了许多身怀绝技的人去刺杀他，但华蒙托夫上校不仅护卫森严，他自己本身还是拳击好手，去刺杀他的人不是被抓住，就是在铁拳下丧生，华蒙托夫因此洋洋自得，自称是“不怕暗杀的人”。

一天傍晚，华蒙托夫上校带着警卫偷偷爬到一座山上，观察同盟国军队的情况。这座小山虽然不高，可是十分陡峭，山下有一条蜿蜒的小河，南方军队就驻扎在小河边。华蒙托夫上校和警卫们悄悄攀上山顶悬崖，趴在悬崖边缘观察同盟国军队的部署情况。

过了很长时间，警卫们发现上校还是趴在悬崖边缘一动不动，轻声呼唤也没有反应，不由着急起来。他们把华蒙托夫上校拉起来一看：上校竟然死了！警卫大惊失色，连忙把华蒙托夫抬回营地，请军医鉴定。

军医经过仔细检查，发现华蒙托夫全身一个伤痕都没有，平时体壮如牛的华蒙托夫怎么会突然死去呢？一时间，谣言四起，大家都说这是上帝的震怒，叛徒得到了应有的惩罚。

事情越传越远，传到了一位著名探案专家耳中，他稍微思索了一会儿说：“这不过是一个巧妙的杀人事件，如果我没有猜错的话，华蒙托夫的望远镜当时一定遗落或者丢失了。”

后来，将信将疑的人们重返那座小山，果然在小河中找到了卡在河床上的望远镜，揭开了上校离奇死亡的秘密。

聪明的读者，你明白上校是如何死去的吗？探案专家为什么能在千里之外，预见到一架失踪的望远镜呢？

答案

50.

华蒙托夫平时身体健壮，心脏健康，他的猝死显然是非正常死亡，而且身体没有任何伤痕，所以不能排除他杀的可能。

考虑到他死在观察同盟国军队的时候，因此死前接触到的最后一件东西，很可能是望远镜，而望远镜同样可以成为杀人利器！

被买通的警卫只要把一根毒针和调节焦距的旋钮连在一起，就能让华蒙托夫自己杀死自己！当他扭动旋钮的时候，毒针刺中眼球，导致心脏猝停。

而华蒙托夫在被刺中的刹那，自然本能地将望远镜扔掉。他身处悬崖边，这一无心的举动毁灭了最后的罪证，要不是探案专家神奇的推理能力，这件案件恐怕要成为永远的悬案了。

51. 相似的车牌号码

午夜的街头冷冷清清，几乎见不到一个人影。这时，车祸发生了——一个红衣女孩被一辆疾驰而过的轿车撞出近 5 米远，然后重重地跌在地上。

轿车司机迟疑了一下，猛然加速逃离了现场。出租司机卡拉奇从后视镜中目睹了这起惨剧，他立刻记下肇事车的车牌号码，然后拨打报警和急救电话。

等警察和医生赶到的时候，女孩已经因为失血过多死去了。出租司机把他记下的车牌号码 18UA01 交给警察。

警方立刻组织人手调查，查到了 18UA01 车车主的住址。他们把这个肇事的恶棍从床上揪出来，可他却满脸惊愕的表情，似乎受到了天大的冤枉。无论怎么盘问，他都不肯承认自己在一个小时以前开过车，更不承认还撞过人。

他打开车库，让警察随便调查取证。在车库里，警察们面面相觑：18UA01 号车子是一辆廉价的日本车，而不是卡拉奇说的昂贵的跑车。这辆灰色日本车没有任何刮擦的痕迹，看来是冤枉了好人。

随警察一起来辨认的卡拉奇非常惊讶。作为一位司机，他对记录车牌这样的事情非常熟练，他清楚记得自己看到的车牌就是 18UA01，而且当时立刻就记了下来，绝不会弄错。

警察找到了 18UA81 号、18UAI0 号、10AU81 号和 18AU01 号 4 个最相近的车牌认真分析，终于找出了真正的肇事凶手。

聪明的读者，如果你是负责侦办这个案件的警官，你认为最可能作案的车应该是哪一辆?

答案

51.

在案件的侦破过程中，镜子往往发挥着重要作用。出租司机看到的车牌完全没错，可是由于是从后视镜中往后看，所以看到的景象是相反的，也就是说，正确的车牌应该是 10AU81。

52. 深夜劫案

这天，警察局接到报案，星科商厦遭到抢劫！

星科商厦是一家著名的百货公司，位于纽约城的西侧，距离警察局不到 1 公里。警长尼克在 5 分钟后就赶到了现场。只见现场到处都是被砸碎的玻璃和散乱的物品，商厦值班经理霍林顿满脸悲伤地坐在楼梯上，注视着乱成一团糟的商厦。对于商店来说，没有比珠宝柜台遭到打劫更严重的损失了。

尼克走到霍林顿面前，拿出纸笔，打开录音机，准备开始记录案情。他告诉霍林顿，要想尽快破案，追回损失，就要全力配合警方工作。

霍林顿似乎还没从混乱的状态中清醒过来，他喃喃地说道："5 个人……他们有 5 个人，枪……都带着枪。他们二话不说就砸开珠宝柜台，抢走了所有的钻石首饰，这都是些价值几百万美元的首饰啊！"

"5 个人？"尼克边记录边询问，"你看清楚他们长什么样子了吗？"

霍林顿痛苦地挠着脑袋，回答道："一个大胡子，眼睛旁边有两颗痣，其他人就看不清楚了……"

“光线那么暗，你怎么能看清眼睛旁边的痣呢？”尼克有点奇怪。

“是这样的……”霍林顿结结巴巴地说，“他们闯进来的时候，我吓得躲到一排货柜里。大胡子拿着强光电筒照过来的时候，我正好从货柜缝隙看出去，刚好看到他的脸。”

尼克听到这里，忍不住打断了他的话：“霍林顿先生，如果这是一起真的劫案，那我要立刻逮捕你，因为你就是同伙。”

聪明的读者，你知道霍林顿哪里露出了破绽，让精明的尼克警长识破了吗？

答案

52.

许多假话的共同特征是，越想编得真实，越容易露出马脚。

霍林顿一开始说看到歹徒眼角有痣，这在灯光昏暗的情况下几乎是不可能的；而霍林顿的解释更加离谱，人的眼睛突然被强光扫到的时候会暂时失明，什么都看不见，更别说看到歹徒的面部细节了。

所以，尼克可以大胆地得出判断：关于强光电筒、大胡子或者眼角的痣，都是霍林顿一手导演出来的，他说了假话。

53. 嫁祸的录音带

泰森是一名会计师，他主要负责审计和监督股票市场上市公司的财务运行状况。这不，他正看着一家叫大地地板公司的报表呢！

从报表上来看，这家公司经营有方，利润高达 2000 万美元，这在经济普遍萧条的环境中是不多见的。

泰森发现许多材料都不清楚，有的材料甚至被多次使用，他正考虑是不是打电话询问一下大地地板公司的财务总监，电话就响了起来。

“喂，请问是泰森会计师吗？”电话里传来一个彬彬有礼的男声，“我是大地地板公司的财务顾问凯特森，如果能和您共进午餐，我将非常荣幸。”“我正想找你呢。”泰森说，“你们的材料有问题。”“中午，我们在您事务所对面的咖啡馆见，我会把有关材料全部补齐的。”接着凯特森就挂断了电话。

中午时分，泰森找到了早就等候在咖啡馆里的凯特森。“凯特森先生，那些材料你带来了吗？坦率地说，我对你们公司的赢利并不乐观，以你们的规模，似乎不大可能有这么高的利润额。”凯特森微笑着点点头。递过来一个厚厚的信封。他说道：“50 万美元，希望您能给我们一个机会，如果再支撑一年，明年的这个时候，我们将是全国最大的地板集团了。”泰森坚决拒绝了凯特森的贿赂，离开了座位。

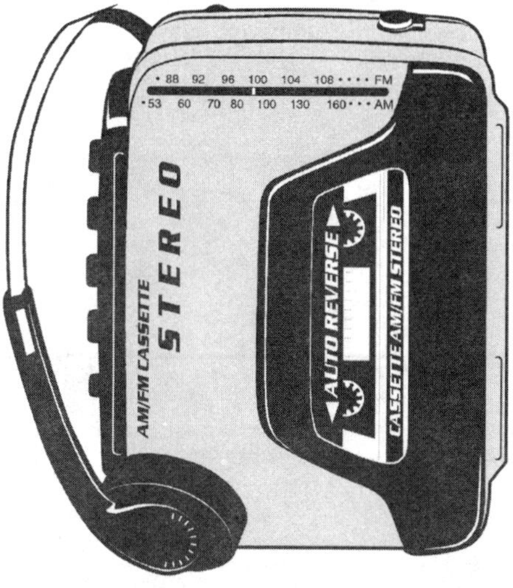

2个小时以后，有人在咖啡馆的洗手间里发现了泰森的尸体。警察在他口袋里找到一个微型录音机，按下播放按钮，传来了这样的声音："如果我出事，凯特森是最大的嫌疑人……我拒绝了他的贿赂……天啊，他来了，啊！"

警察马上逮捕了凯特森，可是他坚持说自己是清白的，录音带是有人想嫁祸给他。聪明的读者，如果把这个案子交给你，你觉得凯特森是不是凶手呢？

答案

53.

凯特森不是凶手，他是清白的。

注意，警察按下小录音机播放按钮，这卷带子就从头开始播放，而如果确实是记录泰森被杀害现场的录音，会在泰森被害后继续往后走，直到磁带到头为止。从头开始的录音说明是有人把带子倒过来听过，如果凶手真的是凯特森，那么他一定会毁灭这份对自己非常不利的证据。

54. 亮光闪过之后

暑假，大学生曾凡和几个同学去一个公司面试，他们准备在那里找份兼职工作，碰碰运气。

他们要去的公司在一座大厦里，于是曾凡几个很快钻进了电梯，这时电梯里还站着一位衣着考究的女士，只见她的胸前别着一个很漂亮的钻石胸针。女士的旁边是一个穿着邋遢的青年，他不时地用眼睛瞟那个女士的胸部。这位女士对他十分反感，但又无可奈何，只好侧着身子。女士另一边是一个中年男子，一副不苟言笑的样子。他不时抬起左手拢一拢头发，曾凡看到他手腕上戴着一块劳力士荧光表。

突然，电梯的照明灯熄灭了，大家一阵惊恐，就在这时，曾凡觉得眼前有亮光一闪，马上身边的女士动了一下，并在喉咙里咕噜了一句听不清的话。大约 20 秒钟，电梯里恢复了光明，大家都嘘了一口气。

这时，在曾凡身边的那位女士忽然发出一声尖叫："胸针，我的钻石胸针不见了。"

大家都闻声聚拢来问发生了什么事，只听那女士道："刚才停电的时候，我觉得有人在我胸前碰了一下，因为漆黑一团，我也没说什么。现在低头一看，才发现胸针不见了。"说着，她把两只怒目紧盯着旁边的年轻人。

年轻人让她看得直发毛，终于忍不住说："你别老瞅我，不是我偷的，我对天发誓。"

这时曾凡想了想，他把年轻人拨开说："我能证明钻石胸针不是你偷的。"然后他转过身对那个中年男子伸出了手："先生，请你把你拿去的胸针还给这位女士，不然我就叫保安了。"那中年男子想申辩，但张张嘴没有吐出半个字。

那么，曾凡是根据什么推断偷胸针的是那个中年男子呢？

答案

54.

曾凡是根据中年男子手上的那块劳力士夜光表来判断的。劳力士夜光表在黑暗中是发光的。在电梯的灯熄灭时，就是那位女士的胸针被盗之时。而就在这个时候，曾凡看到了一道闪光在女士的胸前闪过，这道闪光就是劳力士夜光表发出来的。无疑中年男子偷了胸针。

55. 头发的证词

一天下午，演员苏珊被人谋杀在她的公寓里。警方在查看现场的时候发现了死者手中紧紧攥着几根金色的头发。警长马上把这唯一的线索保存了起来。

经过法医的鉴定，死者的死亡时间推定是头天早晨6点至7点期间。最先发现死者的是打工的女佣凯特。

警长问道："在苏珊小姐认识的人中，有没有金发的人。"

"化妆师马休就是金发，他曾追求过苏珊小姐而遭到拒绝，会不会是他怀恨在心杀了苏珊小姐？"

听了女佣人的话，警长就来到就住在本楼的马休的房门。

出来开门的马休的确是个金发男子，看上去刚刚理过发。警长将苏珊被杀的事情告诉了他，并询问他今天6点至7点钟在哪里。马休显得有点紧张，说话有点结结巴巴。"我在自己的房间里睡觉。因为是单身生活，所以没人给我作证，不过我说的是实话。我承认我曾遭到她的拒绝，但我并不恨她，更不可能为了这把她杀死。"马休说这番话时脸上的表情很诚恳。

警长微笑着说，"不过请你再回答我一个问题，你是什么时候理的发？""昨天中午，这与案件有关系吗？""关系重大。"警长认真地说。为了慎重起见，能拔一根给我吗？马休很配合地拔了自己的几根头发，不知道警长葫芦里卖的什么药。

"嗯，完全是同一个人的头发。"警长把从被害者手里攥着的头发拿了出来。"你，你怎么可能有我的头发，这怎么可能呢？"马休不敢相信自己的眼睛。"别紧张，凶手不是你。"警长接着问："你知道有什么人能够同时接近你们两个人吗？""凯特，她能。她除了帮苏珊打扫卫生外，也帮我清理房间。我曾听苏珊说过，她手脚有点不干净。"

警长微微一笑说："我知道是谁杀了苏珊小姐了。"你知道警长为什么这么说吗？

答案

55.

凶手就是女佣。她一定是在偷窃东西的时候被苏珊发现了，于是她趁机杀了苏珊。为了嫁祸给马休，女佣在帮马休打扫房间的时候偷走了几根残留的头发。而她疏忽了一点：马休几天前理了发。理过发的头发的末梢都是整整齐齐的，而警长发现苏珊小姐手中攥着的头发是马休没剪头之前的头发。所以这一切是伪装的。而能亲密接近这两个人的人只有女佣人。

56. 数学家之死

“每个伟大的科学家在成名前都很潦倒，伽利略是这样，爱因斯坦是这样，我也是这样……”这段话是笛生的开场白，他对所有人都这么说，然后请求别人赞助他的数学研究。

可笛生至今还没碰到赞助人。但笛生并没有受到这些人的影响，仍每天闭门研究深奥的数学原理，对门外的事情毫不关心。公寓管理员米莉太太是笛生唯一的朋友，经常在他饿肚子的时候接济他。

这天，米莉太太想起已经好多天没有看到笛生了，便来到他住的310号房间查看。敲了半天门没反应，她忽然发现笛生的房门下端隐约有一摊血迹！血液从门里渗出来，已经凝固成深红色。米莉太太忍不住尖叫起来，飞快地跑到楼下报了警。

警察破门而入，发现笛生身中6刀，已经在几天前就去世了。他横卧在地上，手里抓着一根铁丝，铁丝依稀被捏成圆形的样子，除此之外，没有任何线索。

“你能提供嫌疑人的线索吗？”警察询问米莉太太，“你觉得谁会做这种残忍的事情？”“这幢大楼里所有的人。”米莉太太说，“他们都是职业罪犯，要不是租金便宜，笛生也不会住到这里来，他是个多么好的人啊，总梦想能成为数学家……”说到这

里，米莉太太忍不住流下了眼泪。“等等，”一个警察忽然说，“你说他梦想成为一个数学家？”“是啊。”米莉太太哽咽着回答，“他整天数学数学的，这么努力下去，他一定会成功的……”“数学家……铁丝……圆……”警察喃喃自语，他好像想到了什么。几分钟以后，他抬起头说道：“我已经知道凶手是谁了，让我们现在就去逮捕他！笛生真是个聪明人，可惜啊！”

聪明的读者，你能读懂数学家留下的暗示，成功地找到凶手吗？

答案

56.

凶手就是女佣。她一定是在偷窃东西的时候被苏珊发现了，于是她趁机杀了苏珊。为了嫁祸给马休，女佣在帮马休打扫房间的时候偷走了几根残留的头发。而她疏忽了一点：马休几天前理了发。理过发的头发的末梢都是整整齐齐的，而警长发现苏珊小姐手中攥着的头发是马休没剪头之前的头发。所以这一切是伪装的。而能亲密接近这两个人的人只有女佣人。

57. 失窃的公文包

英国豪华游轮“伊丽莎白”号首次远航日本。“伊丽莎白”号是传媒大亨威廉花了3000万英镑，向西班牙造船厂订购的。这艘超豪华游船长260英尺，有三层舱体和双层甲板，能够为80名贵宾提供舒适惬意的旅程。

威廉邀请了世界传媒集团的大亨们乘坐“伊丽莎白”号远航日本，去享受最新鲜的生鱼片和鲑鱼大餐。大亨们对这艘“游艇之王”赞不绝口，德国传媒集团的总裁加伯德甚至用嫉妒的口吻说，把全世界报纸的利润加起来，也只够造2艘“伊丽莎白”号。

威廉得意地笑了，同时他还告诉大家现在已经进入日本海的航程。大亨们听说已经来到日本领海，纷纷挤上甲板，想看看这个岛国的面貌。让他们失望的是，别说白雪皑皑的富士山，连小片陆地都看不到。

既然没有什么特别的风景，大家又重新回到客厅，讨论起如何提高数字电视技术的枯燥话题。忽然，加伯德惊叫起来，他的公文包不见了！

人们一下子全都围拢过来，大家都知道公文包失踪对一个总裁来说意味着什么，那里面不但有大量现金、信用卡和空白支票，还有许多机密资料和信息，这些信息的价值是无法估价的。

威廉非常恼火，他找来船上所有的护卫，发誓要找出窃贼。经过仔细回忆，每个人都互相证明了自己刚才都在甲板上。也就是说，偷走公文包的人只可能是船上的船员。

威廉立刻把船上的 5 名船员叫了过来一一询问。船长说，他在驾驶舱里一直没走开过，有录像带可以作证；技师说他一直在机械舱保养发动机，好让发动机能一直保持 37 节的速度，可是没人可以证明；电力工程师告诉威廉，他刚才在顶层甲板更换日本国旗，挂上去以后发现挂反了，于是重新挂了一次，有国旗可以作证；还有两名船员说他们在休息舱打牌，互相可以作证。

威廉听完，立刻指出了其中一个人在说谎，并且让他交出公文包。聪明的读者，你知道谁在说谎吗？

答案

57.

笛生在临死前抓住一根铁丝捏成圆，是在暗示警察杀害他的人和圆圈有关。大家知道，圆周率约为 3.14，所以他的意思是凶手住在 314 房间。这就是数学家特殊的思维方式，而聪明的警察经过思考，破译了他的“密码”，顺利破获了案件。

58. 画室命案

模特儿苏珊和男友达森分手后，达森起了杀机。

这天，苏珊在画家伯加的画室当模特儿，伯加中途出去，达森就趁机进入画室，用丝袜勒死了苏珊，并把她的尸体拖走，找个地方藏起来。

伯加回画室后不见苏珊，但见现场凌乱，灵感涌现，就把现场的环境画了出来。2小时后，达森藏好了尸体，想起杀人的丝袜留在画室内，便折返伺机取回。可是，他在窗外见到伯加出神地画画，又眼巴巴见到丝袜还在那里显眼地放着，心里十分着急。

又过了5小时后，伯加画完后出去一会，达森溜进画室收起丝袜。谁知伯加突然回来了，达森情急之下用椅子打死了伯加。仓皇逃走的达森，又把他的墨水笔遗留在现场了。没多久，警方闪电般地破案了，将达森拘捕了。警方是怎样破案的呢？

答案

58.

电力工程师在说谎。日本国旗是白底加太阳的图案，无所谓正反的区别，更别说出现挂倒这种事情了。所以，电力工程师根本没有重新挂国旗，他有足够的时间作案。

在大多数时候，只要根据严密的逻辑推理和正确的判断，就能顺利解决问题，需要注意的是，不要遗漏任何细节。

59. 睡衣的作用

一天晚上，珠宝商用高价买到一颗很大的宝石。一个盗贼听说后立刻假扮成珠宝鉴赏家来到了珠宝商家里。两人谈得十分投机。看完后，珠宝商当着“鉴赏家”的面把它放回原处，上了锁，并让一只大狼狗守在门口。

半夜，盗贼偷偷进了珠宝商的房子，正当他拿到那颗宝石准备越墙逃走时被珠宝商发觉，两人打了起来。谁知，那条大狼狗不咬贼，反而把主人咬伤了，“鉴赏家”乘机带着宝石逃跑了。

珠宝商十分沮丧地把灯打开，看到地上的破睡衣，非常生气：“该死的狗，我养着你还有什么用，连主人都不认得？”说着便要把狗赶出去，但那只狗还围着睡衣团团转。“亲爱的，你看看那件睡衣？”珠宝商的老婆觉得狗有点奇怪。珠宝商捡起那件破睡衣仔细看了一会儿，大声叫道：“啊，不！这件睡衣不是我的。我的睡衣的前胸口有一块污渍。”“那我知道是怎么回事了。”老婆说。你知道是怎么回事吗?

答案

59.

这件案子的巧妙之处是，凶手达森前后两次留下的物件放在现场。第一次是杀人的丝袜，第二次是贴身的墨水笔。

警方是如何破案的呢？主要是从伯加的最后两张作品观察出来，第一张是未完成的苏珊画像，她去了哪里和她是否为凶手是问题的关键。

第二张是伯加费了 7 个小时绘成的现场凌乱不堪的写真，显眼的丝袜被绘在其中，可是事后警方找不到丝袜，但找到墨水笔。

此笔却在画中不曾出现过，由此一来一回，一有一无，警方便推敲出整个故事来，玛丽的男友达森，即墨水笔的主人也成了破案的焦点。

60. 奇怪的梨

一日，莫里斯带着律师迪恩和一篮子梨来到他的生意伙伴萧伯斯的家中。他准备在律师的调节下，妥善解决合作中出现的经济问题。

萧伯斯很热情地拿起一把水果刀为他们削梨。削完后，他递给莫里斯，莫里斯没有接。萧伯斯尴尬地笑了笑，又递给律师。律师迪恩说自己从不吃梨。萧伯斯只好自己吃起来。莫里斯也拿了一个梨削了起来。莫里斯是个左撇子，迪恩看起来有点怪。谁知，莫里斯的梨还没吃到一半，就倒下去了。

警察讯问后，都很迷惑："他怎么会被自己带来的梨毒死呢？" 在一旁的迪恩冷静地说："我敢肯定是萧伯斯毒死莫里斯的。"接着他描述了萧伯斯采用的手段过程。警察的调查证实了律师的话是对的。

你知道这是怎么回事吗？

答案

60.

玄机就在那件被狗咬碎的睡衣上。狗对气味非常敏感，在半夜里，它只能凭气味来判断谁是陌生人。"鉴赏家"正是利用了这点，调换了自己和珠宝商的睡衣。

61. 树下的谋杀案

一天中午，警员约翰和阿万在巡逻。当他们走到一个公园里时发现一个人倒在一棵李子树下，已经死了。这个人赤着双脚，他的脚尖到脚后跟有好几道纵向擦伤，渗出的血已经凝固了。他的后脑不偏不倚地磕在一块凸起的石头上，流出的血说明致命伤在这里。

看到这种情况，约翰立刻打电话报警。

不一会儿，探长于勒和法医赶到现场。他听了汇报，又检查了死者的伤之后说："这人不是从树上滑下来的，是有人杀了他，而后故意伪装成这个样子。"探长为什么这样说呢?

答案

61.

梨当然没有毒，问题出在水果刀上。莫里斯是个左撇子，莱伯斯当然知道这点。所以他就在水果刀朝皮的一面涂了毒，正常人用这把刀削水果时都不会中毒，因为毒液都擦到水果皮上了。而莫里斯是个左撇子，他用这把刀时，带毒的一面正好朝向了果肉，所以莫里斯被毒死了。

62. 智擒杀人魔

有一个狡诈的杀人犯，叫做马克，他在半月的时间内连续疯狂作案，杀死了 5 名无辜的公民，并且抢走了 50 万美元。警方撒下了天罗地网，终于在一家饭店的客房内将他逮捕归案。

被打入死牢的马克并不死心。他心想只要拼死越狱，逃到国外去，或许还能有一线生机。

一天，趁着夜色马克不知从哪里搞来了一根锯条，他慢慢地割断了窗棂。夜色越来越浓，单人牢房铁窗上的栏杆被一根根地锯断。马克逃跑了。

探长林斯顿接手了这个案子，他知道这个家伙非常狡猾，但他肯定还没有逃出国。因为出国要钱，他肯定会找他的母亲要钱的。

一连过了半个月，马克还没有出现。林斯顿密切监视着他母亲的住宅，但没有任何异常的情况出现。林斯顿真有些沉不住气了：这家伙怎么还不露面呢？难道远走高飞了？

一天，林斯顿终于等来了消息。将近中午，马克拨通了给母亲的电话：“妈妈，我没钱啦。快送钱到人民广场来，让我逃出美国。我已化了妆，你认不出来我。你在广场来回走动，我来找你。”说完电话就挂断了。林斯顿把这一切都听得清清楚楚，只是他觉得很奇怪怎么没有听到马克的母亲的声音。就在这时，马克家里的电话传来了一阵狗叫。原来如此，林斯顿知道是怎么回事了。

林斯顿带领众人很快地在人山人海的站前广场上抓到了化妆了的马克。

你知道林斯顿是采取什么办法捉住马克的吗？

答案

62.

原因在死者的脚上。如果死者真是从树上滑下来磕在石头上死的话，那么他脚上得擦伤应该是横向的。显然被害人的脚伤不是从树上滑下来所致。

63. 兄弟被杀

一天清晨，保险公司总裁熊本一郎像往常一样在别墅的花园里散步，突然被一位蒙面刺客开枪打死。

闻讯赶来的毛利小五郎警长在死者的保险箱里，发现熊本一郎的死与两个兄弟及一个姻兄有关。于是毛利小五郎来到熊本一郎姻兄金田村刚的家里，着手调查。

金田村刚这时刚起床，正在花园里锻炼。警长对他说："金田村刚先生，刚才你的兄弟被人杀死了。"

金田村刚一听，惊恐地叫了起来："不可能！我昨天晚上还和熊本一郎在一起，才一个晚上就死了，太不可思议了！"

毛利小五郎警长认真地听他叙述，随后把他从头到脚打量一番说："金田村刚先生，怎么不谈谈你自己的情况呢？你不是一直嫉妒熊本一郎有钱有权吗？"

金田村刚一听，脸涨得通红，生气地说："请你不要胡言，我不否认，但你也不能认定我是凶手呀！"

"别想得太天真了，最值得怀疑的不是别人，恰恰是你！"

金田村刚极力掩饰，但仍掩盖不住自己内心的惊慌。果然，在他家里搜出了凶器。

请问：毛利小五郎警长是怎样识破金田村刚的伪装呢？

答案

63.

林斯顿就是利用了那只接电话的狗抓住了这个穷凶极恶的坏蛋的。因为狗的鼻子十分灵敏，只要把马克的衣物给它嗅一下，不管马克打扮成什么样子，狗都能凭着气味找到他。

64. 杀人浴缸

富豪布莱克有一幢能看见海景的豪宅，这天，他的好朋友尼克探长想去看看布莱克先生。路上，尼克给布莱克先生打了电话，告诉他大约半个小时后到。

半小时后，尼克准时到达，可他在陈设奢华的客厅里等了5分钟左右，还不见布莱克先生出现。

这时仆人特里说：“老爷进去洗澡已经半个多小时了，会不会……”

尼克探长撞开房门，发现布莱克先生泡在浴缸里，已经去世了。从初步检查的结果来看，他是溺水死的，死亡时间大概在半小时前。

警察赶到后做了进一步分析，发现布莱克先生竟然是被海水溺死的！他的肺部有大量海水，而没有淡水残留。同时，整个下午只有仆人特里一个人在家，没有其他人来过。

尼克对警察说：“抓住特里，只有他有作案时间，他就是凶手！”

“不是我，真的不是我！”特里拼命地摇头，“你打电话回来的时候老爷还接电话呢，从那时到现在只有三十多分钟，可是从这里到海边却要一个小时！我就是坐飞机也来不及啊！依我看，一定是这宅子里出现了海鬼，在浴缸里杀死了老爷！”

尼克探长仔细地查看了浴缸，发现经过一段时间后，浴缸边上有了一些细小的白色粉末，他回头冷笑道：“少来了，你那点雕虫小技还能瞒过我吗？你就是凶手！”

聪明的读者，特里是怎么在20分钟里完成“不可能的任务”呢？

答案

64.

熊本一郎家里有3个兄弟，警长到金田村刚家调查时，根本没有告诉他死者是谁，而金田村刚却一口就说出死者是熊本一郎，这就说明金田村刚事先必定知道。毛利小五郎抓住这个破绽，从而打开缺口，一举破获了此案。

65. 5秒钟难题

这天上午，杰克和约翰坐车来看望住在郊区别墅的金姆森太太。

转眼到了金姆森太太繁花似锦、碧草如茵的小院了。杰克忽然对约翰说:“你看，金姆森太太最近似乎身体不太好啊，墙上的花有段时间没修剪过了。”

约翰和杰克迅速直奔小院。他们在门外敲了很长时间,屋子里一点声音都没有。这下,约翰也担心起来,他皱着眉头喃喃自语:“不会出什么事吧？我们还是进去看看……”

杰克轻轻一推，门就打开了，原来是虚掩上的。两人小心地沿着铺满花草的小径向前搜寻，穿过花园，走进别墅，终于在一楼餐厅里发现了金姆森太太的尸体。

“怎么会这样？”杰克和约翰吓得差点瘫倒在地上。过了许久，两人才缓过神来。

“报警吧。”杰克满怀沉痛地坐在金姆森太太对面，缅怀这位可怜的女士。

“我们还是出去等吧，我已经让车夫报警去了。”约翰对杰克说道，“免得警察来的时候，又要为剔除我们的脚印、指纹伤脑筋。”

两人伤感而沉默地坐在别墅前的台阶上，看着送来的报纸堆满了整级台阶，而订阅它的人永远不会再读报了。别墅的台阶下，还放着两瓶早已过期的牛奶，也是金姆森

太太定的。

杰克看着这十几天的报纸和两瓶牛奶，猛然间明白了一些东西，他拉住约翰的手说道：“我知道谁是凶手了！这只需要思考5秒钟！”

聪明的读者，如果让你思考5秒钟，你能说出凶手是谁吗？

答案

65.

思维定式是侦探最大的敌人。在海水中溺死是一条重要的线索，同时它也在暗示警察案发地点是在海边，而特里拥有不可能作案的时间证据。

实际上，如果仔细思索一下，并不是被海水溺死就一定发生在海边，如果有足够多的海水的话，在浴缸里同样也能作案，然后放掉海水，装满淡水，这只需要10分钟就足够了。

66. 猫尾巴上的棉花团

一天上午，一幢大厦的管理员跌跌撞撞地跑进警察局报案。原来他到著名作家琼斯家门口收拾垃圾的时候，房里散发出一股难闻的煤气味。

警探撬开房门后，只见琼斯倒在卧室地板上，满房间都是浓浓的煤气味。经过法医仔细鉴定，确认琼斯是煤气中毒身亡的，死亡时间大约是凌晨 1 点到 3 点之间。

警察拿出记录本问道："那么，昨天晚上有谁来找过琼斯吗？"

管理员回忆着说："一个男人……经常来的，好像是她的经纪人，在登记簿上登记的名字是劳伦斯。"

"哦？"警察连忙记录下这个人，既然他是唯一接触过死者的人，那么必然有重大嫌疑。

"这个劳伦斯先生应该不是凶手。"管理员接着说道。

"为什么呢？"警察问道。

管理员拿出登记簿翻给警查看："你看，他是晚上 8 点时来的，10 点的时候离开的，琼斯小姐亲自送他下来，然后上楼去了。打那以后，就没人来过。"

警探又开始在房间里寻找，试图找到点什么。

"看！这是什么？"一个警察从沙发后面拖出来一样东西，大家围拢过去，发现是一只灰色的波斯猫。这只胖乎乎的宠物也由于煤气中毒，和它的主人一起死去了，可是奇怪的是，它的尾巴尖上绑着一个棉花团。

"煤气管这里有破洞！"又一个警察说，只见塑胶煤气管靠近地面的地方，有一个破裂的口子，似乎是被故意剪开的。

警察们看着奇怪的裂口和那只倒霉的胖猫，认真地琢磨究竟是怎么回事。忽然，有个警察叫起来："我明白了，罪犯真聪明！快逮捕劳伦斯，他就是凶手！"

聪明的读者，你凭借这些线索，能够推测出劳伦斯是怎样作案的吗？

答案

66.

凶手是送牛奶的工人。因为只有知道金姆森太太已经遇害，他才不再到这里送牛奶，而送报纸的工人显然不知道这一点，每天仍然准时把报纸送来。

送牛奶的工人作案后，显然没有想到这桩凶案在十多天以后才被人发现，他停止送奶的行为恰恰暴露了自己的罪行。

67. 消失的凶器

一天，一间浴室发生了一起谋杀案。发现尸体的是浴室的老板霍普森太太。警方很快赶到了现场，看到被害者一丝不挂，伤口在柔软的腹部。从伤口判断，凶器可能是短刀一类的东西。可是浴室内除了一个空暖瓶外，根本找不到看似凶器的刀具。

根据霍普森太太提供的情况，这个死者是一个叫瑞丝的姑娘。她是对面高级宾馆的招待员。霍普森太太说当时跟瑞丝来的还有个叫马丽的姑娘，那个暖瓶就是马丽带来的。后来那个马丽一个人出来了，手上空空的。

显然，这个马丽就是凶手。警方根据霍普森太太的描述，很快逮捕了马丽。可是马丽根本不承认，声称自己洗完澡后就走了。因为警方没有找到杀人的凶器，马丽很快就被释放了。

你知道马丽是用什么凶器刺杀瑞丝的，又把凶器藏到了什么地方呢？

答案

67.

用倒推的方法，猫咪尾巴上的棉花团可以塞住煤气管的缺口，凶手需要的是在自己走以后让煤气泄漏出来。

所以，他先给猫咪注射麻醉剂，用猫咪尾巴上的棉花团塞住管子，等到深夜麻醉效力消失的时候，猫咪爬起来走开，煤气就开始泄漏……因为只有劳伦斯一个人来过，所以说琼斯就是被他杀死的！

68. 独吞邮票

加斯与简恩合谋将邮票展览中价值连城的古版邮票偷去，离开时由简恩带着邮票，两人分开逃跑。

两天后，加斯来找简恩，商量将邮票变卖及分钱。简恩道："现在风声正紧，我把邮票收藏到秘密的地方。等过些日子，我们再取出变卖吧。"但加斯认为，这是简恩想独吞邮票的诡计，便不肯答应。

最后，简恩说："这样吧，邮票由你保管，等风声过后我再来找你，这样你总可以放心了吧？"于是加斯答应简恩的建议。

简恩取出一个钥匙，对加斯说："我把邮票收藏在一本《圣经》第47~48页之间，这本《圣经》我存放在距离这里三条街的邮局信箱内。这是邮局的钥匙，钥匙上有信箱的编号，你去拿吧。迟些我再与你联络。"

加斯拿了钥匙便匆匆跑去邮局，走到半路，他停下来了，低声骂道："混蛋！竟敢骗我？"便跑回去找简恩，但到达时，简恩已逃之夭夭了。

试问：为什么说简恩是欺骗加斯的呢？

答案

68.

马丽是用冰做的短刀杀人的。柔软的腹部，即使是冰做的刀也是可以刺进的。马丽用暖水瓶将冰刀带进了浴室。趁瑞丝不备时，突然出手。等霍普森太太发现尸体时，冰刀自然就溶化了。

69. 没有作案时间吗

一天晚上 10 点至 11 点之间，有人钻进克林先生的房间偷走了他抽屉里的钱。他赶紧报了案。警官彼得仔细地分析了案情，认为 3 个人有作案嫌疑，于是，他派人把这 3 个人带到局里审讯。

第一个人叫迈克斯，他是克林的邻居。他说："不是我干的，那时我正在一辆开往伦敦的车上。"彼得派人一查，确有其事。

第二个人叫托德，他是这栋楼的看门人。他说他当时看电视，也不是他干的，彼得便问了他许多关于当时的电视节目，他对答如流。

第三个人叫吉姆，他是克林的一个朋友。他也说不是他干的。"当时我正在一家酒店里喝酒。"彼得派人到酒店了解，也全部属实。

彼得想了一会儿，指着迈克思和吉姆示意他们可以离开，但要托德留下来交代犯罪过程。托德一怔，大喊："你为什么诬陷我，我哪里有作案时间？"彼得轻轻地摇摇头，反问："你怎么没有作案时间呢？"那么，你的看法呢？

答案

69.

《圣经》的 47 页与 48 页是同一张纸，傅恩是不可能把邮票藏在这两页之间的，加斯想到这点，才识破了傅恩的谎言。

70. 巧妙的伪装

一个晚上，明星蒙娜被人刺死在自己的家里。根据现场的情况判断，蒙娜被刺前跟凶手有过一番搏斗。

警方在勘查了现场后发现，死者被刺的房间的玻璃窗被打破了，碎玻璃渣子满地都是，看样子是从外面扔石头造成的。

警方抓获了 3 名嫌疑犯，A 是一个年轻小伙子，和蒙娜有暧昧不清的关系；B 是蒙娜的经纪人，一个中年男人，一只眼睛包裹着，据他自己说是得了红眼病；C 是蒙娜的司机。这 3 个人都和死者很亲近，他们都说没有杀害蒙娜，但都在事发当天见过死者。

警方在经过周密的调查后发现了凶手。你知道凶手是谁吗?

答案

70.

托德在作案的时候也可以看电视，所以他说他在看电视没有作案时间是不足为信的。

71. 寻找赃物

凡尔赛博物馆失窃了一批价值连城的艺术珍品。波拿巴探长率领一个小分队，以迅雷不及掩耳之势，抓住了几名重要的罪犯，可是却没有找到那些艺术品。

这时，主犯招认说艺术品被农场主福斯用一个大铁箱装起来，然后埋在石磨的下面。警察冲进福斯的农场，福斯的眼睛闪出一丝惊慌，朝院子里那两个篮球场般大的晒谷场瞟了一眼，立即镇定下来，委屈地说自己从来没有触犯政府法令，对于今天发生的一切，他要请农场主协会的律师提出控告。

警察们把磨坊里的石磨移开，在下面挖了又阔又深的一个坑，坑底已见到了生土，再挖下去也没有什么意义了。

探长跳进坑底，他看到坑壁一层层泥土，中间有一段跟别的不同，用手捧了一把，里面还有完全新鲜的小麦梗，好家伙，一定是嗅到了什么风声，把铁箱转移了。

可是铁箱会转移到什么地方去呢？树底下？麦田里？床底下？没有目标怎么找去？本以为轻而易举的事，现在变成了难题。

探长脑子飞快地转动着，他一点一点回忆进村后福斯的一举一动，突然一拍大腿，招呼警察们说："这里不用再挖，跟我到院子里去。"

来到院子里，探长叫警察们去打水，把晒场分成若干块，一块一块地浇上水，水浇

到泥土地上，很快水往地里渗。大约是好久没有下雨的缘故吧，浇上一块，干一块，场地上只不过因为吸了水分，颜色变得深一些罢了。

福斯在波拿巴的监视下，一声不吭瞧着警察们做这种看来毫无意义的事。终于，当水浇到刚才福斯站过的那块场地上时，探长突然宣布：“停！”他指着一块颜色更深的泥地，叫警察往下挖，自己却回头朝福斯瞧去。他看到，福斯脸色惨白，惊恐万分。

不久，一只铁箱挖出来了，里面正是那批珍贵的艺术品。

请问：探长怎么知道铁箱埋在这里呢？

答案

71. 凶手是死者的经纪人。警方注意到他的眼睛受伤了，经过到医院的调查，他根本不是得了什么红眼病，而是被什么东西刺伤了。显然他是在和索娜的搏斗中被窗户的玻璃刺伤的。在他杀死索娜，逃离现场后又从外面扔了石头把玻璃砸碎了，目的是为了混淆警方的视线。

72. 毒蜂谋杀案

星期天的下午，警方接到报案，一位商人死在院子里一棵大树下的椅子上，地上丢着两个空啤酒罐和一些报纸。

警察立即赶到现场。报案的是这里的管家，他指着尸体对警察说："主人是在凉爽的树阴里一边喝着啤酒，一边看报纸，不巧被毒蜂蜇了。你瞧，他胸部还有被毒蜂蜇过的痕迹哩。"

所谓毒蜂是非洲的一种蜜蜂，它的产蜜量要高出普通蜜蜂的3倍，但它的毒性很大，一旦被这种蜜蜂蜇了，再强壮的汉子也会死掉，所以它被称为杀人蜂。

"就算是被毒蜂蜇了，从他没来得及逃进屋里的状况看，大概是喝了啤酒醉醺醺地昏睡过去了。这附近有毒蜂窝吗？"当警察对周围一带调查了一番之后，发现邻居的一家空房的院子里有一棵大洋槐树，树上有个很大的毒蜂窝，挂在树叶遮掩的树枝上。

当时已经是夕阳西下的时候，毒蜂都钻进了蜂窝里。警察轻手轻脚地走到跟前一看，发现在另一个树枝上挂着一架日本制的微型录音机。

"这种地方，谁会把录音机丢在这儿？"警察取下录音机，把磁带倒回后一放，是盘音乐带。警察听了一会，突然想到什么，马上断定说："这个日本商人不是在院子午睡时偶然被毒蜂蜇死的，这是巧妙地利用毒蜂作案的他杀案。"

说完，他又把录音机依旧放回原处，并隐藏在院子里的树丛中耐心地监视着。夜里9点多钟，闪出一个身影，接近洋槐树，要取下录音机。

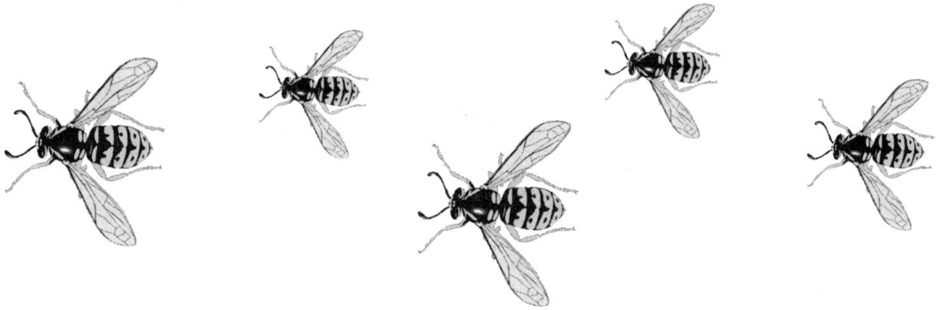

"喂！不许动，你因杀人嫌疑被逮捕了。"警察迅速跳出来追上欲逃跑的罪犯并将其抓获。这个罪犯是在被害人手下工作的当地人，因贪污贷款行为即将败露而作案杀人。

可是，尽管如此，这位警官为什么只听了一会儿音乐，就能果断地识破罪犯的诡计呢？

答案

72.

当探长发现福斯已经转移了赃物时，立即想起他当初曾惊慌地朝晒场投去一瞥，那里肯定是他转移铁箱的地方，在那里埋铁箱比磨坊更为安全，谁也不会注意到人来人往的地方。可是晒场这么大，要统统挖掘实在太难了。

干的泥土地，渗水一定很快。但是，如果下面有只大铁箱，渗水的速度比其他地方慢，它上边的泥土积了水，颜色肯定与其他地方不同，这就是探长很快找到赃物正确地点的方法。

73. 梅丝的绝招

汽车刚到终点站，梅丝小姐第一个挤出车厢，请警察帮她找回被偷的钱包。

警察表示很为难：“小姐，我不能对每个旅客搜身呀。”

梅丝说：“不用搜身，看看每个男人的衣服就能查到扒手。”

“这是怎么一回事？”

“我故意把冰激凌涂在他身上了，只要看一下谁的身上有冰激凌的痕迹就知道了。”

原来，刚才梅丝被挤到过道里，忽然身后的那个男人将一只手伸向她的胸部。梅丝听说流氓、扒手常在汽车里作案，谁要当场叫喊，就可能“吃刀子”。因此她没喊叫，只是装作被前面人推了一下，狠狠将手中的冰激凌向后泼去……

警察根据梅丝的提议，果真找到了偷钱包的扒手。原来，这个扒手刚才挤到梅丝身后，先用侮辱的方法分散她的注意力，然后行窃。

后来有人问梅丝：“当时你把冰激凌泼到身后，怎么就肯定是泼的是扒手，而不是别的旅客呢？”

你能帮助梅丝小姐回答这个问题吗？

答案

73.

这架微型录音机里的磁带开头录着轻松柔和的华尔兹乐曲，可就在这部乐曲中突然插了一段节奏紧张、刺激性强的现代音乐。

毒蜂在听轻松柔和的乐曲时表现得温顺老实，而当突然听到这种强刺激的现代音乐时，马上兴奋起来，野性大发。罪犯就是趁被害人睡午觉的时候，利用毒蜂的这种习性，用录音机里装的这盘磁带，让毒蜂袭击了他。

74. 送货人

警官福柯和女助手丽尼正在研究一封密信，那是刚从走私分子手中截获的，内容是：马尔·加森斯。两位警官经过缜密研究，决定设法逮捕马尔·加森斯。

24日早晨，福柯与丽尼一同驱车去汽车站，登上旅游大客车，车上共有12位游客，3男5女和4个儿童。这3个男客一个带着黑色公文提箱，一个带着帆布背包，一个带着塑料购物袋，里面还有两只香蕉和一瓶水。

9点25分，旅游车到达目的地，福柯和丽尼把3个男客带进小屋看管起来，进行讯问。

带塑料购物袋的青年被带进屋。他狂吼着："我强烈抗议这种侵权行为，我要上告法院！你们必须马上放了我！并对现在发生的事情作出解释。"

"对不起，先生，我们在履行公务。"福柯并不计较青年的态度。

"马尔·加森斯这个名字你听说过吗？"

青年想了一会说："我不认识这个人。"

“谢谢您，先生，请您再委屈一下，到隔壁房间等一下。”

第二个男人是拎公文提箱的法国人，福柯检查了他的箱子，里面只有几本有关土耳其的书籍。

“你听说过马尔·加森斯这个名字吗？”福柯问。

这位法国人回答：“我从来没听说过这个名字！”

背帆布背包的男子走进来便大声尖叫：“你们搞什么名堂，凭什么把我们扣在这儿？”

“你听说过马尔·加森斯这个名字吗？”警官温和地说。

这个人毫不思索，干脆答道：“我根本不认识他们。”

福柯再一次向他表示歉意：“行了，先生，您可以走了。”

“现在可以肯定，马尔·加森斯就在这 3 个人中间！”福柯说道：“马尔·加森斯只不过是个化名而已。”请问，警察要抓的马尔·加森斯究竟是谁呢？

答案

74.

梅丝是根据罪犯的心理来判断的：如果梅丝泼了别人，那人一定会大叫起来，可是对方却默不作声，这说明，他作案后因为怕暴露而不敢声张。

123. 送货人

送货人是第三个人。因为只有他知道马尔·加森斯不是一个人的名字，而是跟两个人的名字有关。

另外，从他携带的包上也能窥出一些蛛丝马迹：塑料袋是半透明的，带公文包游览又太显眼，只有帆布背包最合适。

75. 失踪的邮票

高级特工苏菲接到重要任务：从当地的情报人员手里得到一块写有绝密情报的芯片，并把它带回国内。

苏菲看了看手表，时间已经是下午 4 点 15 分，比预定好的接头时间晚了 15 分钟。

“会不会出事了？”正当苏菲有点担心的时候，一辆黑色轿车忽然疾驰而来，一下子停在她身旁。车窗玻璃后面，一个男人急切地招呼她：“快点上来，他们在后面……”他的肩头已经中弹，鲜血流得满车都是。

苏菲迅速钻进车里，把开车的情报人员挪到一边，发动起轿车开始狂奔。苏菲左突右闪，拐上高速公路，终于甩掉了“尾巴”。

“给你！快走！”中弹的情报人员失血太多，已经没力气说话了，他把一个信封塞给苏菲。苏菲下了汽车，迅速换乘地铁回到宾馆。

苏菲打开信封找了半天，却没有找到想要的东西。难道弄错了？苏菲的眼光落在了信封上。她小心地剪下邮票，果然发现它比普通的邮票厚一些，原来芯片就粘在邮票后面！正当她收拾东西准备离开的时候，走廊上忽然响起吵闹声，好像是有人要强行进来的样子。

糟糕！把芯片藏到哪里去呢？只有几十秒的时间，房门就被推开了。一个男人带着警卫走进来说道："对不起，一位贵宾说他丢失了珍贵的首饰，我们奉命搜查。"接着，那个男人一挥手，5 个警卫一拥而上，把苏菲的所有行李和房间的每个角落都搜查了一遍，甚至还让女警卫搜了苏菲的身，却没有任何发现，只有电视机和电扇的响声一起一落。

男人和警卫们无奈地离开了，苏菲脸上露出一丝不易察觉的微笑。聪明的读者，你知道苏菲把邮票藏在什么地方了吗？

答案

75.

专门用来藏东西的地方，比如壁橱、暗门，都是搜查的重点。而放在眼前的东西，往往容易被忽略。苏菲把芯片迅速贴到电扇的叶片上，然后打开电扇。在高速旋转的时候，叶片上的一张邮票是无法看出来的，因此警卫们虽然到处搜索，却只能是白费力气。

76. 矛盾的证词

一天，山姆探长接到彼尔先生打来的电话。他报告说，他押运的那车厢中的一袋钱币被人抢走了，共有300万美元的旧钱币。

探长放下电话，马上带领助手赶到现场。他们经过仔细检查，在靠近车门的地方发现了两支只抽了一半就扔掉的烟头，没有发现什么可疑的痕迹。彼尔头发蓬乱，脸上有一道血痕，非常狼狈。他向探长讲述了他与歹徒搏斗的经过：

“大约11点15分左右，我在准备着下一站要搬下去的东西，忽然听见有人敲门，我就去开门了。”

“那么你还记不记得是怎样的敲门声呢？”

“先是轻轻地敲了两下，然后又重重地敲了三下。”

“进来了两个人，我根本不认识他们。这两个人都戴着面具，只露着两只眼睛。”

“他们进来后干了些什么？”

“那个大个儿胖子进来后没等我说话，就一拳把我打倒在地。然后就用绳子把我捆绑起来，就在这个时候，那个瘦个儿取出小桌下面的那个钱币袋，并把它扔下去……”

"你讲得真是太生动了，"探长说，"来，抽支烟。"

"谢谢您，我不会抽烟。"彼尔说。

"你不会抽烟，为什么在那节车厢里有两个烟头呢？"

"哦，对了，就是那两个人的，他们进门时每人叼着一支吸了一半的香烟。"

"他们呆在车厢的时候，你听见他们说些什么吗？"

"没有，因为当时火车的声音太大了。"

山姆探长微微一笑，说："这个案子已经被我破了，你就是罪犯！"

请问：探长为什么这样说？

答案

76.

彼尔证词里有许多矛盾的地方。第一，既然两名强盗进门时都戴着面具，怎么可能看见他们叼着香烟呢？第二，既然列车行进的时候声音很大，怎么能够听见那两声轻轻的敲门声呢？

77. 真假遗嘱

汽车大亨库顿因心脏病发作，抢救无效而去世。库顿的 3 个儿子米萨、吉尔斯和大卫都来到集团总部，等待律师宣布遗嘱。看到人都到齐了，律师当着兄弟三人的面，拆开一份密封完好的文件，里面是库顿的亲笔遗嘱："如果我因意外事件死去，库顿集团由吉尔斯掌管。"落款时间是 2001 年 11 月 30 日。

吉尔斯有些惊讶，而米萨恨得牙痒痒的，却也无可奈何。突然，小儿子大卫站起来说道："等一等，我知道父亲在这份遗嘱后面又重新订立过一份遗嘱，因此根据法律，遗嘱内容应该以最后一份为准。"

"哦？"米萨一下子来了兴趣，他连忙追问，"后面一份遗嘱在哪里？"

"在家里客厅的保险柜里。我们现在就一起回去看看吧，如果两份遗嘱一致，那么公司就归吉尔斯管理。如果两份遗嘱不一致，那么我们就按照后面一份遗嘱的内容办。"大卫回答道。

于是，一行人驱车来到库顿先生的别墅。

大卫当着其他人的面走到保险箱前，打开它并取出了文件。他打开文件，只见库顿亲笔写道："我决定用这份遗嘱，推翻以前所立的一切遗嘱。我去世后，由大卫掌管库顿集团。"落款时间为 2001 年 11 月 31 日。

大卫得意洋洋地说："不承认也没办法，父亲就是这样分配的，你觉得不公平可以自己去找他理论。"

这时，吉尔斯哈哈一笑说道："大卫，知道为什么爸爸没把公司留给你吗？你很有经营头脑，可办大事的时候老是糊里糊涂，这遗嘱一看就知道是你伪造的！"

聪明的读者，你觉得大卫的遗嘱是真的，还是伪造的呢？

答案

77.

不论多么完美的谎言，在时间面前都显得不堪一击。大卫的疏忽在于，他只知道后一份遗嘱更具法律效应，却忘记了 11 月份只有 30 天，根本就没有 31 日。

第三篇

大开眼界

疑案、谜案、奇案、悬案，你有超级大侦探一样的智慧吗？你有一双识破天机的慧眼吗？你有扎实的专业知识吗？如果没有，那就认真解读下面这些精彩游戏吧！它们会让小小的你大开眼界。

78. 古屋幽灵

20世纪中叶，在墨西哥东部有一幢古屋曾出现“幽灵”。当时，买下这幢古屋的主人想重新将屋子装修一下，便雇来了工人。工人们刚刚走进前厅，突然，一个全身冒着火焰、身高两米以上、手持匕首的“幽灵”出现了，工人们吓得拔腿就跑。

曾进入过这幢屋子的人说，这所屋子已建造了几十年，当时的主人据说在屋里藏了大量的珠宝。后来主人死了，珠宝究竟藏在哪里，没有一个人知道，进去过的人只知道这幢屋子的墙上装着许多大镜子。

有个记者对此很感兴趣，曾打着手电筒进入屋子，但他始终没见到“幽灵”。而有一次，他什么也没带，进入漆黑客厅后，不一会儿，就听见凄厉的叫声传来，接着身上冒着蓝白色火光的“幽灵”便出现了。

记者胆子特别大，竟向“幽灵”冲过去，但是“幽灵”却消失了。黑暗中，记者的头被什么东西打了一下，又好像听见什么东西移动的声音。记者感到很奇怪，觉得其中可能有诈，于是请来了善于破案的加尼亚侦探。

加尼亚侦探像记者一样在漆黑的客厅里等待“幽灵”出现。果然像以前一样，“幽灵”手持匕首在火光中出现了。加尼亚侦探盯着“幽灵”细看，看到好像是一个身着宽大衣服的高个儿男子。再细瞧，加尼亚侦探突然明白了，他猛地抓起身边的一把椅子朝前砸去。只听见一阵玻璃破碎的声音，“幽灵”随即不见了。

加尼亚侦探从屋里出来，马上与警方联系，警察包围了古屋……不久，事情便真相大白了。请问，你知道这“幽灵”是怎么回事吗？

答案

78.

原来，由于传说这所古屋藏有大量珠宝，有人正在悄悄地寻找。而正在这时，这所古屋被出售，工人们要进去整修，为了不受工人们的干扰，躲在里面的寻宝者便假扮“幽灵”吓人，以此使他人不敢贸然进去。

他先穿上又宽又长的大袍，脸用毛巾包起来，然后全身涂上磷。因为磷的燃点很低，在一般温室中也会燃烧，发出蓝白色的火光，但磷火的温度不高，并不会烧伤人。

就这样，他穿着长袍站在椅子上，又宽又长的长袍将椅子遮住，粗看起来像个巨人，为了使自己的形象更为恐怖，同时又为了防止别人可能会朝他开枪，他便利用客厅里的镜子，也就是说，他并没有在客厅里，而是站在客厅楼梯转弯处的平台上。由于正对着镜子，他的形象便从镜子里反射出来。

所以，加尼亚侦探抓起椅子砸碎镜子后，“幽灵”便不见了，而加尼亚侦探也已明白，这是有人在装神弄鬼。

79. 清晰的指纹

露丝是一位畅销书作家，但并没有赚很多钱，因为当初出版商玛莉小姐用很低廉的价格买下了版权。

有一天，警察局汤姆斯局长告诉她，玛莉两天前在公寓被害，凶残的凶手对准她连开了 10 枪，当场身亡。根据调查，当天晚上和玛莉接触过的人只有露丝、印刷厂负责人卡罗和玛莉的前夫刘易斯。警方把他们都请到警察局，协助调查。

露丝听到发生这样的惨剧，吓得哭了起来。她说，当天晚上 8 点左右去过玛莉那里，两人讨论了重新签订版税合同的事情。玛莉还倒了一杯冰镇饮料给她喝，大约 5 分钟后她就离开了。

卡罗则很激动地表示自己是完全无辜的。他当天在 8 点左右去过玛莉家里，准备向玛莉讨回欠印刷厂的费用，可是玛莉只礼貌性地给他倒了杯冰镇苏打水，根本不谈还钱的事情。他一怒之下就骂骂咧咧地离开了，楼下看门的老头能证明这一点。

刘易斯虽然因为财产问题和玛莉离婚，可是离婚后他们还是好朋友。听到玛莉被害的消息后，刘易斯悲痛欲绝。他回忆说，那天晚上玛莉的情绪很不好，他喝了杯白开水，安慰了她几句就离开了，想不到竟然发生了这样的悲剧。说到这里，刘易斯难过地痛哭起来。

听完三个人的说法后，汤姆斯局长很茫然，一方面他们都完全没有足够的杀人动机，另一方面现场没有留下任何线索，凶手连弹壳都收走了，就连使用过的玻璃杯上，都只有死者自己的清晰指纹，但这并不能说明什么。

汤姆斯局长只好求助于波洛侦探。波洛听完后，沉思了一会儿问道："案发那天晚上，大概有 37℃，是吗？"局长点了点头。波洛接着又问道："如果杯子上被害人的指纹十分清晰的话，凶手就显而易见了。"汤姆斯局长有点摸不着头脑。聪明的读者，你知道波洛又是怎样找到罪犯的吗？

答案

79.

根据口供，露丝和卡罗都喝的是冰镇饮料，而刘易斯喝的是白开水。在炎热的天气里，冰镇饮料会让杯子迅速结出一层水雾，这样死者留下的指纹就应该是模糊的。而常温下手触碰杯子后留下的指纹应该是清晰的。所以，死者最后见的人是刘易斯，由此推断凶手是喝了白开水的刘易斯。

80. 救命的指南针

特工霍金成功窃取了贩毒集团的情报，可是在逃跑的时候被一颗子弹击中。蜂拥而来的毒贩牢牢抓住了他。

现在的他被关在阴暗潮湿的地牢里，中弹的左臂疼痛欲裂。难道，他就要死在这里吗?

这时，看守地牢的小胡子男人说："霍金，如果你不想死的话，就趁着黑夜赶紧逃吧。出去以后，往北 8 公里就是市镇，那里有警察局。"说完，他从窗外扔进来一根钢锯。

"为什么帮我? " 霍金又惊又喜。

小胡子叹了口气说道:"我本来是个安分的渔夫，被他们用枪指着头拉来贩毒。我故意拖拖拉拉，他们就让我来守地牢。算了，不多说了，你动作要快点，我 3 个小时以后换班。"

小胡子走后，霍金对准地牢铁栏，飞快地锯起来，不一会儿，两根铁栏就被锯断了。他强忍剧痛，弯腰钻出铁栏，沿地牢后门溜出了贩毒分子的营地，一路狂奔。不知道跑了多久，他才气喘吁吁地停了下来。

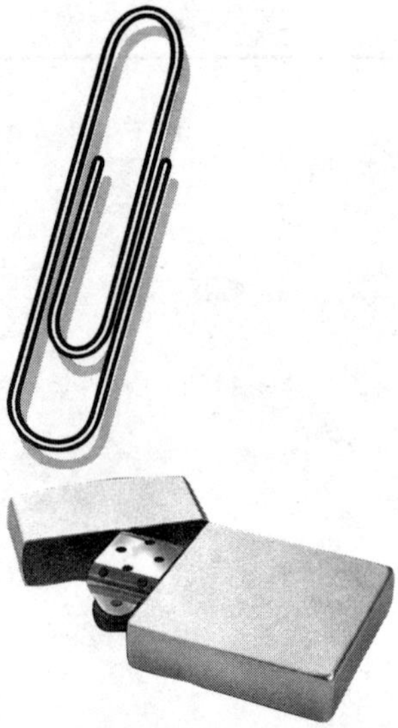

这时他发现自己在一片茂密树枝互相缠绕的原始森林里，一丝月光也看不到。那么，哪里才是北面呢？要是找不到北面，他最终还是会饿死在丛林里。

怎么办？霍金把浑身上下搜了几遍，也找不到一样能够指示方位的东西。口袋里只有一根回形针、一个打火机、一块丝织手巾，这些东西根本帮不上忙。

忽然，霍金看到地上有一摊积水，他灵机一动，马上用手上的东西制作了一个简易指南针，找到了方向，逃出了丛林。

聪明的读者，你知道这个救命的指南针是怎么做出来的吗？

答案

80. 从回形针上拗下一段，在丝织手巾上用力摩擦，这样针就具有磁性。把针在额头上擦两下，沾上一点油，再放入水中。

油的张力能让针浮在水面上，而磁极的作用会让针尖摇晃，当摇晃停止后，针尖所指示的方向就是北方。不过，针尖所指的磁场的北极，和地理上的北极是有误差的，距离北极圈越近，误差就越大。

81. 古堡里的黑影

在印度，只要一提起浩瀚的塔尔沙漠中那座高大而神秘的古堡，人们就不寒而栗。近几年来，凡过路商人和马队夜宿古堡，都一个个送掉了性命，连骡马都不能幸免。到底古堡里的杀人凶手是谁？用的是什么凶器？一直没有人知道。

当局调来了全印度最有名气的侦探和警察，当夜也大都死在古堡大厅里。经高明的法医验尸，也很难找到致死的痕迹。警方无奈，只好在古堡大门口贴下告示："过往行人一律不准在夜间留宿。"

后来，英国著名探险家托桑来到古堡，一心想探明究竟，探险队员全都荷枪实弹地进入古堡。待天亮警察赶来时，托桑和他的人马已全部遇难，印度警方继而发出紧急布告：

凡能破古堡疑案者，赏金一万卢比。

但布告发出后迟迟无人问津。一年后的一天，终于来了个白发银须、衣衫褴褛的乞丐，自称弗理加尔，他郑重地提出能破此案。警察局局长半信半疑，只得吩咐刑侦科长："派人盯着这个送死的老家伙，看他搞什么鬼名堂。"

刑侦人员发现那个老头买了一个大铁箱、一只猴子和一副渔网，这让经验丰富的警察局局长百思不得其解。

夜幕渐渐降临，弗理加尔驾驶马车奔进那座令人望而生畏的神秘古堡，眼前漆黑一片，堡内死一般寂静。老乞丐摸进大厅，他先给猴子注射了麻醉药，并将它放进渔网里。然后自己钻进铁箱，牢牢地抓住渔网的网绳。

请问：老乞丐这样做到底是为什么呢？

答案

81.

午夜，一团黑影从古堡顶部飞下来，向猴子猛扑过去，只听苏醒过来的猴子一声惨叫，弗理加尔迅速收紧了渔网，古堡内又静了下来。

次日早晨，他从古堡里胜利走出，指着渔网对围观者说：“凶手就在里面，它就是这种奇特的红蝙蝠，长着像钢针一样锋利的嘴，夜间出来觅食，乘人畜不备，瞬间能将尖嘴插入人和动物的大脑，吮吸脑汁，可立即致人死命。由于红蝙蝠具有这种杀人绝招，所以难以在死者尸体上找到伤处。”

当局正要论功行赏，老人拿出了证件。原来这位“乞丐”正是英国剑桥大学著名生物学教授汤恩·维尔特。他观察古堡，研究红蝙蝠已经二十多年，这才一举破获神秘古堡的百年疑案。

82. 最后一个指纹

克姆正满意地在新居里走来走去，忽然门外传来了悦耳的门铃声，克姆打开房门，却看到最不想看到的欧文斯。

欧文斯大声说："老朋友，看来你过得不错啊！是用欠我的钱买下的漂亮新宅吧！三个月前你就应该还我的钱呢！"

"欧文斯，你听我说。"克姆一下子慌了神，"这不能怪我，你知道的，股票下跌谁也预测不到的……"

欧文斯愤怒地说："克姆，我不跟你废话，两天内你必须把钱全部还给我！"

"我真的没钱……"克姆可怜巴巴地说。

欧文斯怒火中烧，站起来大声咒骂，"你这个骗子！"接着，欧文斯朝克姆猛扑过去，死死卡住克姆的脖子。

克姆艰难地挣扎，两手在地上乱抓，他的呼吸越来越急促，反抗越来越无力。这时，他的左手碰到一个什么东西，根本来不及多想，就拿起来重重敲在欧文斯头上……欧文斯的手松开了，摇晃两下，倒在地板上。

杀死欧文斯后，克姆马上把欧文斯的尸体拖到后院掩埋起来，然后擦拭干净所有的血迹，认真清理了沙发、地板和欧文斯所有可能碰过的东西，不留下一个指纹。正当他做完这一切的时候，门外响起了急促的敲门声。

克姆打开大门，看到两名警察站在门外，一名警察说："克姆先生，我是欧文斯的朋友，他上午和我说来你这里，如果下午还不回来就让我们来找你。他在里面吗？"

克姆强作镇定地回答："欧文斯？他没有来过，根本没有。"

另一名警察笑了笑说："就算你能擦掉他所有的指纹、鞋印，还有一个指纹你是赖不掉的。告诉我们，你把他怎么样了？"

克姆顺着警察的眼光看过去，不由出了一身冷汗，这确实是一个没有想到的地方。聪明的读者，你知道欧文斯最后留下的指纹在哪里吗？

答案

82.

这是一道测试你阅读是否足够仔细的题目，如果你粗心大意的话，可就犯下和克姆一样的错误了。欧文斯是按门铃进来的，所以门铃按钮上还留有一个指纹，而警察敲门进来的原因，就是不想破坏这最后一个没有被清除掉的指纹。

83. 祖母绿失窃案

这天，大律师赛西邀请了12位好朋友一起庆祝他的50岁生日。波洛穿着黑色燕尾服，戴着礼帽，含着烟斗，来到了赛西的豪宅。

客人们陆续到达，随着乐队一首悠扬的乐曲，晚宴正式开始了。赛西兴奋地举起手中的酒杯，感谢前来参加晚宴的好朋友。“我亲爱的朋友们，今天真是太高兴了。”他说话的时候双颊泛红，但眼睛闪闪发亮，“我有一件珍藏了一个世纪的家族珍宝，愿意和大家分享！”

接着，赛西让管家到书房拿出一个木头箱子。箱子好像是檀木做的，非常沉重，上面还贴着封条。赛西揭开封条，取出一个丝绒小盒子，打开盒盖，一颗鸡蛋大小的祖母绿顿时出现在众人面前。

这颗宝石呈现出奇异的深绿色，通体透明，在灯光下折射出七彩的光芒，真是无价之宝！参加宴会的客人一齐啧啧赞叹起来。

“雷姆斯爵士来拜会您。”一个仆人跑进来说道。

听到雷姆斯爵士来访，赛西激动极了。他忙着把装祖母绿的小盒子放回木箱里，然后顺手拿起糨糊贴上封条，就急匆匆地出去迎接贵客去了。雷姆斯爵士发表了即席讲话，晚宴的气氛顿时达到了高潮。

听说赛西拥有罕见的祖母绿宝石，雷姆斯爵士也很想看看。当赛西撕开还很潮湿的封条，打开小盒子，却不由吃了一惊，就在这一会儿工夫，祖母绿竟然不见了！

在刚才出去的时候，木箱就放在桌子上，可以肯定地说，一定是哪位客人偷走了宝石。但是，参加晚宴的人都是很有声望的名流，总不能人人都脱光衣服搜身吧？赛西顿时没了主意，只好求助地看着波洛。

波洛看了看封条上的糨糊，对客人们说道："大家刚才都看到了，祖母绿确实漂亮。如果谁在和赛西先生开玩笑，请赶快把宝石拿出来；如果没人承认的话，我只需要一点碘酒，就能找出是谁在开这个天大的玩笑。"

波洛的话一说完，一个客人顿时面如土色，只好把祖母绿拿了出来。聪明的读者，你知道他为什么对碘酒那么害怕吗？

答案

83.

封条上的糨糊是刚刚刷上去的，如果揭开，一定会沾到手上，而糨糊的主要成分是淀粉，碰到碘酒会变成蓝色。波洛正是利用了这个简单的科学原理，轻而易举地让偷窃者交出了祖母绿。

84. 千钧一刻

一天，在一辆飞驰的火车上，恐怖分子把一枚炸弹安在了一个很隐蔽的地方。拆弹专家谢廖莎被派来拆除炸弹。

谢廖莎和工作人员依靠着丰富的经验找到了那枚炸弹的位置，正当他们高兴之余，发现这是一颗接在闹钟上的定时炸弹。上面有很复杂的连线，剪错一根就可能导致全车厢的人都会送命。现在作为定时装置的是一种常见的老式闹钟，定时的指针正指着 14 时 30 分，大概一到这个时间，就会接通表中的干电池，引爆炸弹。

谢廖莎和同事开始了复杂艰苦的工作，距离爆炸时间越来越近，可是他们还没有使闹钟停下来。但炸弹一爆炸，会给自己和乘客带来巨大的不幸。谢廖莎只有一个念头，一定要设法防“爆”于未燃。

时间在一分一秒地过去。谢廖莎趴在地上用指尖轻轻敲动闹表字盘的外壳。外壳是透明的塑料，不是玻璃制的，可并非轻易就取得下来。万一不小心，会接通电流，那就有引爆炸弹的危险。

怎么办才好呢？谢廖莎思索片刻，突然计上心来。他马上开始行动，终于在炸弹将要爆炸的一分钟内，设法拆除了定时装置，炸弹顷刻成了一堆废物。

你知道谢廖莎采用的是什么办法吗？

答案

84.

谢廖莎用打火机将闹表字盘的外壳烧化。因外壳是塑料的，很快就会融化出一个洞，再用速干胶从洞内伸进去将表针固定住，这样表就停了。

只要表针不动，无论什么时候也到不了 14 时 30 分，炸弹也就不会引爆。

85. 愚蠢的诈骗犯

一天，12 岁的张丽在家玩。爸爸妈妈有事出去了，家里就剩她一个人。突然门铃响了，小张丽打开内门看到一个穿着警服、目光锐利的人。

“你是张丽吧，我是你爸爸的一个同事。”来人脸上的表情很亲切。

“噢，对不起，我不认识您。”张丽本想打开铁栅子门让这个人进屋,隔门说话不太礼貌。但最终她没有那样做。“您有什么事吗？我爸爸不在家。”

“说来不好意思，我到这一街区办事，突然想起你爸爸住在这一带，就上来看看他。我是一个警察。”说着那人掏出一张名片递给张丽说：“这是我的名片，我绝对不是坏人。”

张丽接过名片，看到上面印着：城西公安局刑警 ×××。凭着在法制夏令营里学到的知识，张丽马上判断出这人是个骗子。

你知道张丽是根据什么吗？

答案

85.

刑警并非是警察的正式警衔，而是对从事刑事案件调查的便衣警察的通称，所以，名片上是不会用这个职衔的。我国现行警衔由上到下为：总警监－副总警监－警监（分一、二、三级）－警督（分一、二、三级）－警司（分一、二、三级）－警员（分一、二级）。

张丽由名片上刑警职衔看出此人是一个假警察。她真是一个聪明的孩子。

86. 唐代的瓷器

一天，公安局刑侦科小王和小李去古玩市场蹲点。因为不久前在市文物馆偷失一个珍贵的唐代瓷器。盗贼很可能把它拿到古玩市场去卖掉。

古玩市场很热闹，南来北往的生意人、古玩爱好者以及游客把每个铺子挤满了。小王和小李假扮成生意人到处询问有没有唐代香炉出售。

他们来到一个古玩商铺里，用同样一个问题询问老板。只见老板小声地说："两位客人，你们真是来得巧，我这刚好有一个才得手的唐代瓷器。"小王和小李对视一眼，马上要求看一看。老板于是把他们带进里屋，然后小心地拿出了瓷器。小李接过瓷器仔细端详着：瓷器做工精细，光彩照人，和丢失的瓷器一模一样。小李激动地说："总算找到它了。"小王把瓷器翻过来，看到底部一行小字："公元八百二十年制"。突然他上前一把抓住老板的脖领说："这瓷器是赝品，你是从哪里得到它的？"

小王是怎么看出来的呢？

答案

86.

他是根据瓷器的底部的一行小字："公元八百二十年制"认出了这是个赝品。因为我国唐代还没有使用公元纪年，公元纪年是中华人民共和国成立之后才开始使用的。

87. 做伪证的牵牛花

一天早上，大阪城西的化工厂笼罩在熊熊的火焰中，消防队员奋战很久才将火扑灭。

警方经过仔细勘察发现，火灾现场有明显的纵火痕迹。另据调查，科研人员熊本和化工厂老板曾有过过节，两人为了一件事情差点打起来。今天凌晨，一位拾垃圾的老太太说好像看见熊本经过这里。

听到这个消息，警长请来了侦探兼养花专家毛利小五郎一起去找熊本家找他。

“咚、咚、咚”几声敲门后，开门的是——个斯斯文文的中年人，他戴一副眼镜，穿着米色条纹的衬衫，一点都不像丧心病狂的纵火犯。“我们是警察，来调查一起纵火案。请问今天凌晨大约 4 点，你在哪里？”熊本不慌不忙地回答：“我在家里啊！我一个人住，有一样东西可以证明我的清白。”熊本把警长带进了屋子，拿出一沓照片说：“今天凌晨，为了拍摄牵牛花开花的情景，我起得很早。牵牛花总是在凌晨 4 点左右开花，一个小时以后开花结束，这是我拍下的照片。”

警长仔细查看了照片，确实是今天凌晨拍摄的。他又核对了拍照用的相机，确定没有自动拍照的可能。警长用疑惑的眼神看着毛利小五郎。探长胸有成竹地说：“不错，牵牛花是一种开花时间性很强的植物，每天开花确实是凌晨 4 点左右，整个过程大约需

要 45 分钟。但这并不能很确定证明熊本不是凶手。”警长摇了摇头说：“这怎么可能。4 点 45 分拍照才结束，而这时候火灾已经发生了，熊本不在场证明是成立的。”毛利小五郎微笑着摇了摇头：“不，恰恰相反，我觉得熊本是纵火犯。”

聪明的读者，你知道熊本是怎么制造出不在场证据的吗？

答案

87.

事物都是两方面的，作为判断基准的证据，也可能成为洗脱罪名的依据。这个案件中，熊本试图用牵牛花的开花时间来为自己作不在场证明，可这恰恰暴露了他心虚的一面：开花的时间可以方便地改变，最简单的做法是，用一个纸罩套住花蕾，开花的时间就往后延迟了。

熊本纵火后迅速回家摘掉纸罩，拍下开花过程，想用这些照片来证明自己不在场，可他凌晨为花拍照的反常行为，反而引起了毛利小五郎的怀疑。

88. 晚宴命案的真相

一天晚上，波普·埃德华家举行的晚宴已进入高潮。这是个家族晚宴，最受欢迎的人是主人的表弟基普森。他是个英俊的家伙，极讨女人喜欢。即使现在已有些醉了，他仍然频繁地向周围的人敬酒。

但主人埃德华一点也不高兴，望着基普森的眼睛都快射出利剑来，因为他不知从哪里得知自己的妻子与基普森有私情。利用上菜的一个机会，埃德华来到了基普森身边："亲爱的表弟，听说你最近做了一个大买卖，来，干一杯，为了咱们家族的兴旺。"他一边说着，一边故意的晃动着手中的酒杯。果然，杯中的酒洒到了基普森的领带上。"哎呀，真对不起。"埃德华一边道歉，一边假意用手去擦，结果更弄得一塌糊涂。

"没关系，这种领带一条两条的算不了什么……"基普森应酬着。他心里多少有些不快，但不好过分表露。"你把领带脱下来，让女仆拿去洗洗吧。"对面的埃德华夫人关切地问。"不用了，没关系。我自己去洗好了。"因为有男主人在场，基普森觉得和埃德华夫人不便过分亲昵，然后自己朝洗脸间走去。

洗洁剂就在洗脸间的架子上放着，他将液体倒在领带上擦拭污迹。污迹很快消失了，他系好领带，立即回到了众多宾客中间。回来后没过多久，他就突然晕倒了，众人惊慌失措，急忙把他送进了医院，但没等医生搞清楚原因，可怜的基普森就死了。

家族里的人都为失去这么一位有才气的年轻人而叹息，只有一个人暗地幸灾乐祸。这个人就是波普·埃德华。他为自己报复计划的成功而沾沾自喜。

那么，他究竟是用什么手段杀了基普森呢?

答案

88.

洗洁剂中含有四氯化碳，这种物质无色无味，作为油脂类的液剂，被用于衣服的干洗类。四氯化碳挥发的气体是有毒的，尤其是在大量饮酒后，一旦吸入这种气体就会致命。因为死因没有明显的特征，所以很容易被误作酒精中毒。

埃德华是故意把死者的领带弄脏，目的就是让他去清洗时吸进四氯化碳。

89. 三种血型

一个大雨滂沱的夜晚，丘尼独自驾车从莱克里镇返回纽约。四处漆黑一片，眼看已经晚上9点，离纽约还有一百多英里，丘尼的心情糟糕透了，刚想腾出手来抽一根烟，前方刺目的灯光下忽然出现了——个农夫！

丘尼拼命踩下刹车，同时往左边猛打方向盘，刹车皮死死咬住车轮，响起刺耳的刮擦声，可大雨和惯性却让失去了动力的汽车继续飞速前进，接着一声沉闷的响声，汽车又朝前滑了近百米才停下来。

丘尼慌忙下车，只见那个农夫已经被撞得血肉模糊，呼吸、心跳都没有了。丘尼顿时吓得手脚冰凉，这时一道闪电从天际划过，丘尼恍惚看到农夫坐了起来，正冲自己冷笑……他连滚带爬地回到汽车上，开到最大马力，慌不择路地开始逃窜。

刚开始，他还沿着公路飞奔，后来，在一个转弯处由于车速过快冲出公路，车子开到了路边的牧场里。丘尼好像发了疯一样狂奔，眼前只有农夫惨白的脸，他完全不辨方向，车子将牧场里的草碾得七零八落也完全不管，直到汽油耗尽，丘尼才停下来。

天亮后，他发现远处飞来了警方的直升机。原来，警方发现农夫被撞死后，根据汽车留下的痕迹，很快就找到了丘尼。警方还在他的汽车轮胎上竟然找到了A、B、O三种血型，而死去的农夫是B型血，也就是说，丘尼很可能还撞死了另外两个人！警方准备起诉他三项过失杀人罪。

听到这个消息，丘尼惊呆了，昨晚的经历几乎让他精神崩溃，但还是清楚地记得只撞了一个人。这究竟是怎么回事呢？究竟是丘尼在慌乱的状态下连续撞了三个人，还是他只撞了一个人？如果他只撞到一个人的话，为什么轮胎上会有三种血型呢？

答案

89.

其实，轮胎上的血型是牧场上的植物留下的，丘尼只撞了农夫一个人。植物虽然没有红色的血液，可植物浆液中也能化验出类似于人类血型的物质。这就是轮胎上出现了多种血型的奥秘。

90. 火车站谋杀案

一天，探长波洛出现在伦敦火车站上，准备去曼彻斯特度假。

“对不起，请让一让。”波洛连忙让到一旁，只见一个身穿黑色长裙的贵妇，推着轮椅走了过来，轮椅上蜷缩着一位老人，表情十分僵硬。“我能帮你什么吗？”波洛问道。“谢谢，我想不用了。”贵妇婉言谢绝，她叹了口气说道，“这是我的父亲，他偏瘫已经有一年多了，现在，我打算带他去曼彻斯特治病。”波洛兴奋地说：“曼彻斯特吗？正巧我也去那里，要不结伴同行？”

贵妇婉言拒绝了波洛的好意。她推着轮椅，慢慢消失在人群中。看着她的背影，波洛忽然觉得有点不对劲，可到底哪里有问题，却又也说不上。转眼上车的时间到了，远处火车已经呼啸着向站台驶来，波洛拿起行李准备上车。

突然，尖利的刹车声响彻车站，司机正竭力使火车停下来，火车还是以飞快的速度撞上了出现在铁轨上的轮椅，那位可怜的老人当场死亡。波洛赶过去的时候，那位黑衣贵妇已经哭得瘫坐在地上。她嘶哑地嚎哭，自责地拍打着自己的脸，然后开始对火车司机怒骂。

警察迅速赶到了解情况，黑衣贵妇哭诉道：“刚才我好端端在等车，谁知道火车进站的时候，一股强大的气流向我吹过来，把我一下子向外吹，我一时站不稳，跌倒在地上。而我父亲的轮椅顿时失去控制，一下子冲下站台，卡在铁轨上！然后……都是这该死的站台设计，我要告这该死的火车站！”

“女士，很遗憾你说的是假话。”波洛在一旁冷冷地说，“不管你是因为遗产还是其他的原因下这样的毒手，你都不能逃脱法律的制裁。警察先生，你应该立刻拘捕她。”

聪明的读者，你知道波洛是怎样知道她在撒谎吗？

答案

90.

火车进站的时候，由于车速很快，所以会在火车周围形成强大的低气压，但是这样的气压不会将人向后吹倒，反而会把穿宽大衣服的人吸过去。因此，贵妇显然在说谎。而且她送父亲到曼彻斯特治病，竟然没有携带任何行李，这更让人怀疑她早有预谋，治病只是个幌子而已。

91. 流氓的疏忽

班杰斯是多伦克小镇上最无赖的一个流氓，经常依靠诈骗和小偷小摸来谋生。这天，他正琢磨着去哪里骗点钱，这时富商雷蒂的侄子维柯多走来用略带轻蔑的表情对他说："我给你 2 万美元，去给我做件事。"

班杰斯顿时来了精神，连忙问道："你想让我干什么？"维柯多拿出一个信封递给班杰斯说道："今天晚上到我家书房去，杀掉我叔叔雷蒂，伪装成自杀的样子，把这份遗书放好。信封里的 1 万美元是定金，如果做得干净利落，我会再付你 1 万美元的。"班杰斯虽然是出了名的流氓，但杀人这样的事情还没做过。不过，看到那个厚厚的信封，他还是点了点头。

这天晚上，班杰斯穿上一身黑色衣服，戴上头套，背上一个大包，偷偷来到了维柯多的家里。他顺利溜进后门，穿过长长的走廊和过道，来到了位于别墅东面的书房。从里面透出的微微灯光判断，雷蒂先生正在看书。班杰斯取出手枪，装上消音器，从后面冲进去，猛然捂住雷蒂先生的嘴，对准他的太阳穴开了一枪，雷蒂先生连哼都没哼一声就没命了。

随后，班杰斯从背包中取出打字机，端端正正地放在雷蒂面前，又把维柯多早就准备好的遗书放在打字机出纸口上，最后把手枪放到雷蒂手里，做出刚刚打好遗书、举枪自杀的假象。为了谨慎起见，班杰斯还擦拭了所有他接触过的地方，包括打字机，手枪和桌子，避免留下指纹。

第二天，班杰斯喜滋滋地出来买报纸，期盼着得到另外 1 万美元。当他若无其事地向一个报童走去时，却听到报童说："号外号外，有人假造遗书，谋杀富商雷蒂！"班杰斯大惊失色。他仔细回想昨天晚上作案的过程，确信没有任何疏漏，而留下的遗书也是经过本人签名的，应该也没有破绽。

那么，警方是如何确定雷蒂先生是被谋杀的呢？

答案

92.

指纹是判断案情的重要依据，没有指纹同样是值得怀疑的重要线索。既然遗书是雷蒂先生在自杀前打的，那么打字机上必然有雷蒂先生的指纹，可是班杰斯为了毁灭证据，擦去了所有的指纹。

这样一个微小的线索让警方完全能够判定，雷蒂先生的死绝不是自杀，而遗书显然也是伪造的。

92. 小偷的智慧

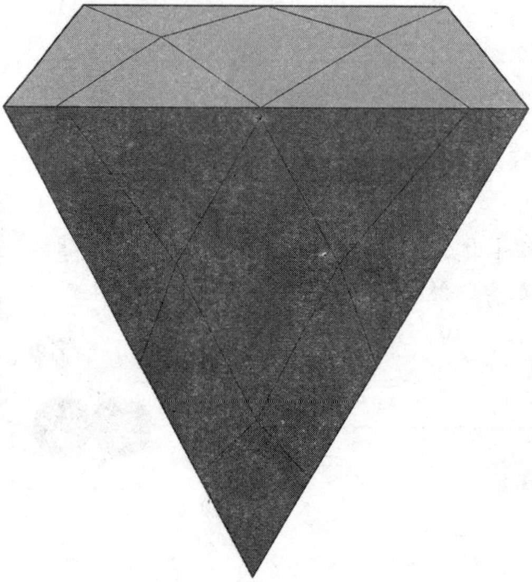

号称日本最完美的钻石“天皇之星”在东京市博物馆展出，这是日本最美、最名贵的钻石了。

为保证钻石的安全，博物馆在本来就戒备森严的展览厅里又新增红外线监控系统，只要有人在非开放时间进入展厅，红外线就会立刻感觉到他的移动，警卫甚至可以在电视屏幕上清晰地看到进入者的图像。博物馆馆长放心地说，钻石进了博物馆，比进了保险箱还安全。

深夜，劳累了一天的警卫们都打起了瞌睡。一个小偷悄悄地溜了进来，那个小偷先不急于走进展厅，而是从口袋里摸出一面小镜子，小心翼翼地沿着墙角来到第一个发射仪面前。他再次观察了发射仪的方向，然后用最快的速度把小镜子竖在发射仪面前，一个小小的红点开始在镜子中央闪烁。

他知道现在这个发射仪发射出来的红外线会被全部反射回去，这等于让红外线装置变成了瞎子。用同样的方法，小偷很快搞定了所有的发射仪，他立刻来到大厅中央一人高的宝石展柜前。

“天皇之星”在暗淡的光线里发出夺目的光彩，小偷拿出笔记本电脑，开始破译展柜的密码。5 分钟后，密码成功破译，展柜悄然无声地打开了。

就在小偷把“天皇之星”拿到手上的时候，忽然四周警铃大作，博物馆的大灯一下子全部打开，照得大厅亮如白昼，四名全副武装的警卫冲了进来。

“放下钻石，放下钻石！”警卫大叫。

“该死！原来钻石下面还有压力感应系统！”小偷开始为自己的鲁莽而后悔。他把钻石揣进口袋，高高举起双手。

“把身上所有的东西扔过来。”警卫高声喊道。

小偷把身上装工具的包、电脑、手表甚至钥匙都扔了过去。

“把钻石放回去！”警卫对他的合作表示满意，继续高声喊道。

小偷犹豫了一下，忽然一猫腰钻进展柜，举起用来托钻石的花岗岩底座，把钻石放在下面，大声叫道：“不要逼我，否则我砸碎钻石！”

警卫顿时面如土色，他们没想到事情会发展成这个样子。经过短暂讨论，一个警卫按下了遥控开关，展柜迅速关上。现在，轮到小偷傻眼了。

“既然你不愿意出来，那就在防弹玻璃里过一夜吧。”警卫笑道，“晚安，先生，明天会有人来收拾你的。”

第二天，当博物馆警卫带着警察走进大厅的时候，他们惊讶地发现小偷竟然划开玻璃，带着钻石逃走了！但是小偷所有的工具都被收缴了，他是怎么跑出去的呢？

答案

93.

愚蠢的警卫忘记了钻石是世界上最坚硬的物品，小偷只要用钻石就可以划开玻璃，轻松逃走。警察也许是心急了，花岗石底座怎么可能砸碎坚硬的钻石呢？

93. 黑猫帽子

新加坡风景秀丽，尤以美丽的海滩著称，每年吸引了大批游客。

这天，警署忽然接到报告，说一名美国女游客失踪了。警长胡松马上赶到出事的饭店。据同团的旅游者回忆，她昨晚说要去买一顶太阳帽，然后就出去了，大概是10点左右。

没有别的线索，胡松只好在太阳帽上打主意。他到饭店附近的商店里，询问有没有一位年老的美国妇女买过一件太阳帽。他来到一家较为偏僻的商店，店主跟了过来。当胡松向他提出同一问题时，他想了想说：“有一个。她买了一顶黑猫太阳帽，就是那一种。”他把墙上挂着的样品指给胡松看。

“是那个大眼睛的吗？”胡松问。

“对，就是那一种。”

胡松掏出证件说：“我是警察。要搜查你的商店，请你不要妨碍公务。”

胡松最后在库房里发现了被害人的尸体。

那么他是根据什么作出判断的呢？

答案

93.

美国人忌讳黑猫，尤其是大眼睛的黑猫。因此，那位年老的女游客根本不会买黑猫太阳帽，那个店主在说谎。

94. 救命的闹钟

凯乐是名优秀的特工，他也被敌方的情报部门视为眼中钉。他曾经遭受到多次的暗杀，可他凭着机智勇敢，一次次地躲过了这些危险。这次，S 国情报部门得知凯乐在海边度假，就派出本国最出色的暗杀者列托夫谋杀凯乐。

列托夫没费多少力气就找到了凯乐。跟踪后的第三天，列托夫搬到了凯乐住的酒店，在凯乐房间的对面住了下来，他决定晚上动手。

列托夫在自己的手枪上装好消音器，在傍晚时候，他用万能钥匙打开凯乐的房门，溜进了房间。他看了看表，距离凯乐回来还有大约一个小时时间，便打开床头灯，搜索房间里的物品。搜索了一会儿，没有发现什么有价值的东西，列托夫就把灯关了，静静地等凯乐回来。

15 分钟后，外面传来了凯乐开门的声音。听走路的声音有点立足不稳，像是喝醉了似的。走进走廊的时候，凯乐好像稍微迟疑了一下，接着，列托夫看到一个黑影扑进卧室，他立刻开枪，准确地击中了那个黑影。

正当列托夫以为大功告成的时候，忽然，他又听到一声枪响，然后一阵剧痛让他倒在地上。凯乐打开灯走了过来，微笑地说：“对不起，刚才进来的是我的衣服——我一进门就知道有客人来过了。”

列托夫痛苦地低下头，他大声问道："为什么……为什么你知道有人来过？"

凯乐拿起床头的闹钟晃了晃说道："你很不走运，如果不开灯的话，现在倒下的人就是我了。"聪明的读者，你知道凯乐是怎么知道有人来过的吗？

答案

94.

细心观察对侦探来说是最重要的，有时能够挽救自己的生命！

闹钟一般都在指针上涂有荧光粉，方便晚上醒来的时候察看时间。如果长期不用的话，荧光会非常暗淡，甚至看不到，而刚刚被台灯光线照射过的荧光则非常明亮，所以凯乐一进门，看到荧光很明亮，就知道有人来过了。

95. 猫头鹰帮凶

夏季的一天下午，著名昆虫学家法布尔正在院子里观察蚂蚁的生活环境。巴罗警长走了进来。他摘下帽子擦着汗说："法布尔先生，你知道吗，大财主格罗得先生把他那只心爱的猫头鹰杀了，并且剖开了腹部。"

"昨天晚上，格罗得先生家里来了一个钱币收藏家，他叫巴塞德，是来给他鉴赏几枚日本古钱的。正当他们在书房互相谈论鉴赏自己的珍藏品时，巴塞德发现带来的日本古钱丢了 3 枚。"警长接着说。

"是被人盗走了吧？"

"不是的，书房里只有他们两人，肯定是格罗得先生偷的，巴塞德也是这么认为的。但追问格罗得时，格罗得却当场脱光了衣服，让巴塞德随便检查。当然没有搜到钱币，在书房内搜个遍也没有找到。"这位警长仿佛自己当时也在场一样绘声绘色地说着，法布尔仍在埋头观察蚂蚁的队列。

"格罗得偷他古钱的时候，巴塞德没看见吗？"

"没有。他正在用放大镜一个一个地欣赏着格罗得的收藏品，一点儿没有察觉。不过，那期间格罗得一步也未离开自己的书房，更没开过窗户，所以，偷去的古钱不会藏到外面去。"

"那么，当时他在干什么？"

"据说是在鸟笼前喂猫头鹰吃肉。"

"那古钱究竟有多大？"法布尔先生走到警长跟前坐了下来，看上去他对这个案件也产生了兴趣。

"长 3 厘米，宽 2 厘米，共 3 枚。再能吃的猫头鹰，也不可能把这种东西吃进肚里吧。但是，巴塞德总觉得猫头鹰可疑，一定是它吞了古钱。他主张剖腹查看，而格罗得却反问，如果杀掉还找不到古钱又怎么办？能让猫头鹰再复活吗？"

"这可麻烦了。"

"被他这么一说，倒使巴塞德为

难了，当晚也没再说什么，上二楼客房休息了。谁知今天早晨一起床，格罗得就将那只猫头鹰杀掉并剖开了腹部。"

"可是，连古钱的影子也没见到。"警长接着又说了下去。

"那么，是不是深夜里换了一只猫头鹰啊？"

"不，是同一只猫头鹰。巴塞德也很精明，临睡前，为了不被格罗得掉包，他悄悄地在猫头鹰身上剪短了几根羽毛。并且在今天早晨还对照检查过，认定了没错。"

"真是细心呀。"

"如果猫头鹰没有吞食，那么，3 枚古钱到底还会掉到哪儿呢？又不能认为在猫头鹰肚子里溶化，真是不可思议。巴塞德也无可奈何，最终还是报了案。所以，刚才我去格罗得的住宅勘察时，也看到了猫头鹰的尸体。"

"先生，你对这个案件是怎么想的？"警长接着说。

法布尔慢慢站起身来说："很简单，格罗得巧妙地藏了古钱。"

"可是他藏在哪里呢？"警长疑惑地问。

聪明的读者，你知道古钱藏在哪里吗？

答案

95.

法布尔望着警长疑惑的脸，笑道："我在采集昆虫标本时，常常发现大树底下有小鸟和老鼠的骨头。抬头一看便会发现猫头鹰的巢穴。猫头鹰抓住小鸟或老鼠后是整个吞食的，然后把消化不了的骨头吐出来。"

顿了顿，法布尔又说道："格罗得在食饵肉中夹上 3 枚古钱喂了猫头鹰，猫头鹰是整吞的。第二天早晨，猫头鹰吐出不消化的古钱，格罗得将它们藏起来，然后再杀了猫头鹰，并剖腹检查好证明自己的清白。"

96. 一次蹩脚的“英雄救美”

这天，波洛到公园散步。他正走着，忽然看见前面有两个年轻人正在扭打，其中的一个被对手在右胸打了一拳。

波洛走过去，拉开了两人。这时，旁边走过来一位姑娘关切地问那个挨了一拳的年轻人伤着没有。被打了一拳的小伙子连说没事，并从衣服的右胸口袋里掏出一副眼镜戴上。

经过询问后，才搞清楚戴眼镜的年轻人在追求那个姑娘，这天好不容易才约到她出来。不想竟闯出一个人来调戏姑娘，年轻人便和他打了起来。

波洛见那人身强力壮，“眼镜”明显不是他的对手。

待那人离去，波洛把“眼镜”叫了过来。他背对着姑娘，低声对“眼镜”说：“这种‘英雄救美人’的把戏可不能用，万一被姑娘发现可就弄巧成拙啦。”

“眼镜”的脸刷地一下红了。

那么，波洛是怎么看出来的呢？

答案

96.

问题出在眼镜上。那个身强力壮打了年轻人的右胸，居然没有把他放在右胸口袋里的眼镜打破，这明显就是在演戏嘛。

97. 水的语言

这天早上，特工杰米泡在夏威夷著名酒店的浴缸里，在温水中边洗边思考问题。洗完后，他拔掉浴缸里的橡木塞，看着带着蒸汽的水由左向右打着旋涡缓缓下降。

“真有意思！”杰米笑着说。他穿上大衣、戴上便帽准备出门，这时门外传来了敲门声。“谁呀？”杰米问道。“是我，埃里。”门外的人说道。埃里是当地最有名的家具店的老板，可是杰米和他没什么来往，他来干什么？

杰米带着疑惑打开了门，却见一个高大威猛的男人手持长柄猎枪，一脸阴沉地说：“跟我们走一趟吧！”接着，从大男人身后忽然蹿出来两个黑衣人，他们飞快地绕到杰米旁边，一人捂住杰米的嘴，并给他套上头套，另一个则用手铐铐住他的手，不到30秒钟，杰米就完全无法动弹了。这些人把杰米迅速抬到一辆汽车上。

在以后的好几天里，杰米只能隐约听到车辆行驶的声音。他好像上了船，在海上航行了很久，然后又下了船，重新开始坐汽车。到达目的地时，杰米被关到一个门窗密闭的房间里。铁门上的喇叭里传来一阵刺耳的声音：“亲爱的杰米，你耐心在这里等着吧。我们组织的首领被你们抓起来了，现在我们要拿你去换他。”

杰米怒吼起来。可任凭他怎么发火，喇叭里都没有一点回音。杰米开始清点自己的装备：身上所有的东西都被收走了，只有鞋子还在，鞋跟上一个微型通讯器能够让他联络到总部，可是自己现在身处哪里呢？

杰米仔细分析，绑架他的人只可能来自加拿大或者新西兰，要是能确定方位该多好，可现在他却被关在这里出不去。百般无奈，他只好先走进浴室，想好好泡个澡。泡在浴缸里的时候，杰米好像忽然想到了什么，他拔开浴缸塞子，看到水流开始以从右向左、逆时针方向的旋涡下降，不由咧嘴笑了起来，因为，他现在知道自己身在何处了！

聪明的读者，你知道杰米是如何判断出来的吗？

答案

96.

杰米身在新西兰。在地处北半球的夏威夷，水流旋涡是由左向右的；而在地处南半球的新西兰，水流旋涡是由右向左的。

水的旋涡受地球自转的影响，北半球水的旋涡是由左向右顺时针旋转，南半球则相反。这个案件告诉我们，要成为一名优秀的侦探需要多么丰富的知识啊！

98. 血疑

一天晚上，传媒大亨约翰的大儿子布鲁斯彻夜未归。第二天清晨，布鲁斯的尸体在高尔夫俱乐部的更衣室里被找到。凶手在作案的时候，健壮的布路斯曾经激烈反抗过，所以凶手也受了伤。

经过警方的鉴定发现，布鲁斯衣服上留下的血迹中，不仅有他自己的A型血，还有另一种AB型血。这很可能就是凶手留下的，那么，凶手到底是谁呢？

警方在调查中发现，布鲁斯的弟弟库克斯正为争夺继任父亲公司总裁的位置和他闹得不可开交，而库克斯在案发的当天便神秘失踪了，他的血型无法确定。

另外，布鲁斯的夫人安娜是B型血，因此虽然更衣室里发现了她的指纹，但可以排除她作案的可能。值得注意的是，安娜的哥哥弗吉在案发第二天也消失了，所以他的血型也无法确定下来。经多方推理验证，案卷所有涉及的人员就只有这些。

探长觉得案件非常棘手，所以便去请教尼克侦探。尼克仔细听完了整个案件的所有细节，坐在摇椅上沉思起来。忽然，他抬头问："有没有弄清约翰是什么血型？还有约翰的夫人？"

“这倒是没有。”探长挠挠头说，“可这和他们有什么关系呢？他们总不至于杀死自己的孩子吧？”

尼克胸有成竹地说道：“事情已经很明显了，去询问一下约翰和他夫人的血型，我们就能确切地判断出凶手到底是谁。”

探长猛然明白了尼克的意思，他紧紧握住尼克的手说：“我明白了，不愧是大侦探，真厉害！”

探长回到警察局以后，立刻查验了约翰和他夫人的血型。经过法医鉴定，约翰是 O 型血，而他夫人是 AB 型血。

聪明的读者，现在你能够凭借自己的知识，判断出谁是凶手吗？

答案

98.

约翰是 O 型血，而他的夫人是 AB 型血，这样，库克斯就只可能是 A 或者 B 型血，所以他不是凶手，凶手是同样有着 AB 型血的弗吉。

在案件侦破过程中，血型是非常重要的线索，根据科学规律，血型是可以推导的，这对案件侦破具有非同寻常的意义。根据血型学的研究，父母的血型与子女的血型，只能存在以下关系：

父母血型	子女血型
O X O	O
A X A	A或O
B X B	B或O
A X B	A、B、AB、O
A X AB	A、B、AB
B X AB	
AB X AB	
O X AB	A或B

99. 劫匪的圈套

由于生意失败，杰克和米勒他们把几年的积蓄全亏光了，还欠下了巨额债务。现在他们住在一间又破又黑的小窝棚里，每天还有一大堆的债主追在后面。

杰克再也无法忍受这样的生活，决定铤而走险。杰克决定抢劫保险公司每天下午 5 点准时开出的运钞车，然后再带着钱远走高飞。他拉米勒一起干，答应事成以后分给他一半的赃款，米勒考虑再三，最终同意了杰克的方案。

在运钞车经过的路程中，有一段是两个街区的交界地段，行人稀少，很少有巡警出现。杰克和米勒决定在这里下手。

这天下午 5 点后，运钞车和往常一样从远处缓缓驶来，直到转过街角的时候，司机才猛然发现前面有块巨大无比的石头！转弯已经来不及，运钞车狠狠地撞到石头上停了下来。

与此同时，杰克和米勒挥舞着手枪冲了上去，逼迫两名押运的保安趴在地上。接着，他们一人扛起一袋钱，跳上早就准备好的摩托车，风一般地溜走了。

这时，身后忽然响起了一阵警笛声，原来刚巧有巡警路过，看到撞坏的运钞车，立刻开足马力追了上来。杰克和米勒拼命踩油门，甩开了巡警开的那辆老式警车。巡警立刻通知其他巡警封锁所有公路出口，看来杰克和米勒是插翅难逃了。

杰克也想到了这一点，他和米勒立刻丢弃摩托车，拐到乡村的农田里，接着往田埂上逃窜。这时，他们发现一座空无一人的农舍，农舍外有口很深的古井，杰克忽然想到了一个办法。

他对米勒说："我们一直这样跑，终归是要被抓住的，不如到农舍里去。我假装是农舍的主人，一会儿警察来的时候，你就用防水袋套住钱，含上根吸管，躲到水里去。要是我不幸被抓住，钱就全部归你。”

米勒有点犹豫：“这样行不行呢？警察恐怕没有那么好愚弄吧，再说井水那么深……”

杰克打断了他的话：“笨蛋，难道你想被抓住吗？井水深怕什么，我会给你一根很长的管子。”

听到远处隐约响起来的警笛声，米勒只好同意了。杰克把一根长 3 米、口径不足 2 厘米的管子交给米勒，帮他捆扎好钱放下井里，他自己却没有像他说的那样装扮成农舍的主人，而是到田地里躲藏起来。

半小时后，警察开始搜查这座村庄。虽然杰克隐蔽得很好，可是警犬还是凭借灵敏的嗅觉迅速找到了他。当警察把米勒打捞上来的时候，发现他早就溺死了。

探长询问了米勒躲到井下的前后经过，对杰克说道：“你真是心狠手辣啊，为了独吞钱财而杀了他！现在，除了抢劫，你又添了一项故意杀人的罪名！”

聪明的读者，你们知道警探为什么这么说吗？米勒好好地待在井底，为什么说是杰克杀了他呢？

答案

99.

管子只有不足 2 厘米宽，却有 3 米长，这样狭窄的空间根本无法完成空气交换，米勒吸入的正是他自己呼出的气体，所以在井水里溺死了。杰克想借这个机会除掉米勒，自己独吞劫款，可他的奸计还是被聪明的探长识破了。

100. 骑自行车的凶手

一天，刑警小王骑着自行车，向郊外运动场骑去。突然，他看到路旁有个女人，浑身是血，躺在那儿，腹部挨了一刀，看来伤得很重了。

小王掏出随身的手巾帮她止血。可怜的女人伤得不轻。小王问了问发生什么事。原来她是被人抢劫了，歹徒在慌乱中刺了女人一刀，并且骑着她的自行车跑了。此时刚好有两个人路过，小王就请他们代为照顾一下并且报警，自己骑上自行车，顺着她所指的方向寻找线索。

到了三岔路口，有左右两条路。这两条路都曾施过工，地上到处是泥沙。小王看到，这两条路上都有自行车的车轮痕迹。

“到底罪犯是沿哪条路逃走的呢？”小王仔细思考了片刻，又看了看面前的两条路，只见这两条路都是微微向上的。他又详细地比较了两部自行车的车轮痕迹。“右侧道路的痕迹前轮和后轮大致相同，而左侧的道路，前轮的痕迹比后轮浅。哦，我知道了。”小王飞速地追了下去。你知道小王是从哪条路追去的吗？

答案

100.

凶手是沿着右侧的岔路逃走的，因为前轮和后轮所留下的轮胎痕迹深浅完全相同。

通常骑脚踏车时，骑者的重量都是加在后轮之上，因此在平路，或是下坡时，前轮的痕迹较浅，而后轮的痕迹较深。可是在上坡时，因为骑者的力量向前倾，体重偏向车把，所以前后轮的痕迹几乎深度相同。

101. 妙取指纹

一天，私家侦探欧文接到一个新任务：获取一名与正在通缉的诈骗犯长得十分相像的女人的指纹，以确定她是否与某个黑社会集团有关联。据资料显示，凡是她接触过的东西都没有留下指纹，就连一些指纹鉴定专家们也产生了怀疑，但是在通缉犯的指纹档案中，又确实存有这名女诈骗犯的指纹。看来这是一个棘手的任务。

欧文很快瞄准了目标：那个女人进了一家酒吧。欧文随后也进了酒吧，找了一个不起眼的角落坐下，从始至终都注视着她的那双手。当那个女人喝完了那杯酒，放下杯子站起身朝门外走去时，欧文赶忙走到女人刚才坐过的桌子边，用手帕将那个女人刚才用过的玻璃杯包好，揣进怀里，然后冲出门去想继续跟踪那女人。

由于欧文刚才用手帕包酒杯时耽误了时间，女人已经消失得无影无踪。欧文只好到了警察局，将他所得到的“战利品”放在了指纹鉴定专家的面前。专家立即拿去鉴定，但是结果仍然让所有的人都很失望，玻璃杯上是留下了指纹，却没有那个女人的。

欧文从警局里出来，底楼大厅里有几个漂亮的小姐正在推销一种无色指甲油。欧文忽然想起了女人的手，顿时恍然大悟，匆匆向警局走去。

几天后，化名为汤姆的欧文一身服务生打扮出现在一家旅馆，这是那个女人住的旅馆。

“服务生，我的喷头坏了，你能给我看一下吗？”女人柔声地对欧文说道。欧文随着女人进了房间，很快就把喷头修好了。“谢谢。”女人递给一张 10 美元的小费。欧文接过钞票，用服务生应有的口气说道：“没什么，小姐，有事再找我，晚安。”从那女人的房间出来，欧文小心地将那张钞票塞进一个小袋中，然后交给另一个扮成服务生的警察。

经鉴定，钞票上果然留有那个女人的指纹，与资料上的指纹丝毫不差，警方立刻逮捕了那个女人。警察局局长问欧文为什么一定要扮服务生才能取到指纹，你猜欧文会怎么回答?

答案

101.

欧文说，因为她是一个狡猾的女人，只要在公共场合出现，她就会用无色透明的指甲油涂在手指上。所以无论她用手触摸什么东西都不会留下指纹。不过那些透明的指甲油一碰到水，就会被洗掉。因此，我就扮演成服务生，在她房间的喷头上做了手脚。当她打开喷头时候，喷头就会坏，她一定会叫人修理。修理完后，按照礼貌她会付小费，而这时她的手已经沾了水，指甲油被洗掉了，钞票上自然会沾上她的指纹，就这样就得到了她的指纹。

102. 证据的反面

伦敦郊外有一所专门关押死刑犯的监狱，被押到那里的犯人一般都是亡命之徒。

这天，波洛来到监狱看望当监狱长的好朋友加森。当他经过阴森狭长的走廊时，忽然听到有人正在叫嚷，说自己是被冤枉的。顺着声音，波洛发现一个相貌清秀的金发青年眼睛布满血丝，正拼命捶打着牢门。

加森告诉他，这个人名叫吉恩杀了两名在森林公园里巡逻的警察，结果被捉住了，被判了死刑，再过一个星期就要执行了。波洛质疑道：可是他说他是无辜的，看上去他也不像杀人犯。加森笑了笑说，这里的人有一半说自己是无辜的，有四分之一的人看上去不像小说里的标准坏蛋。波洛还是觉得有点不对，因为到了死刑监狱还坚持声称自己是清白的，其中一定有问题。他提出应该仔细核对一下吉恩的卷宗，加森拗不过，只好把吉恩的卷宗拿来。

根据卷宗的记载，3 个月前森林公园里发生了一起惨案。在一个雨夜，两名巡警被人袭击，他们的尸体在第二天才被发现，当时已经天晴了。大雨清除了凶手留下的所有证据，警方在现场只找到一个陷在泥土里的鞋印。

警方立刻搜查了整个森林公园，在 1 平方公里以内，只有吉恩一个人声称自己是被大雨困住了。警方马上把吉恩的鞋子和取得的鞋印石膏模型作对比，发现完全吻合。虽然这种款式的鞋子有很多人穿，但是大小完全相同、又同时出现在犯罪现场的可能性非常小。因此，吉恩被逮捕，法院判他死刑。

加森看完以后理直气壮地说：“事情很清楚，现场只有他一个人，鞋印又完全吻合，他也没有不在场证据，这个案件没什么疑问。”波洛气愤地站起来说道：“这些糊涂警察！难道他们没有一点常识吗？他们的关键证据——鞋印，相反恰恰能证明吉恩是清白的！”

为什么鞋印能证明吉恩的清白呢?

答案

102.

天晴的时候，阳光直接照射到土壤，在让泥土变干的同时，也会让留在泥土上的鞋印收缩，一双40码的鞋印，大约会收缩半码。

因此，如果鞋印模型和吉恩的鞋子完全吻合的话，只能说明吉恩是清白的，凶手应该穿比吉恩大半码的鞋子。

103. 空中惊魂

一天晚上 11 点，一架波音 767 大型客机正由波士顿飞往西雅图途中。这时大多数乘客都睡着了，只有少数乘客还醒着。而这班飞机的一个空姐却注意到，坐在 20 排 B 座身穿黑色西服的秃顶中年男人，显得非常焦虑。他不停地左右张望，又好像在犹豫什么。

空姐悄悄叫来机上的乘警商量，他们越看越觉得可疑：飞机上的温度维持在舒适的 25℃，可这位乘客还捂着厚厚的毛衣和外套，难道他在隐藏着什么东西？出于安全的考虑，乘警走到他面前说道："先生，需要帮忙吗？"

这个男人吃了一惊，结结巴巴地回答道："不，算了，不，不要。"

他的表现更加重了乘警的怀疑，他加重了语气："可以请您到机舱后面来一下吗？我们有事情需要您配合。"

那个男人一下子脸色变得惨白，他缓缓站起身，忽然从腰间掏出一支手枪，叫道："举起手来，转过身去，不要靠近我，滚开，都滚开！"

就在乘警按照持枪者要求转过身去的时候，坐在 21 排 B 座的一名小伙子趁持枪者不备，猛然勒住了他的脖子，一只手钳住手枪，乘警迅速将手枪夺了过来。

就在乘警向 21 排那位见义勇为的好青年道谢的时候，那个男子冷冷地开口说话了："别高兴得太早，这注定是一班飞向地狱的班机。我早就在飞机机翼上绑上气压炸弹，只要飞机从 10000 米高空下降到海拔 2000 米以下，炸弹就会把飞机炸成碎片！"

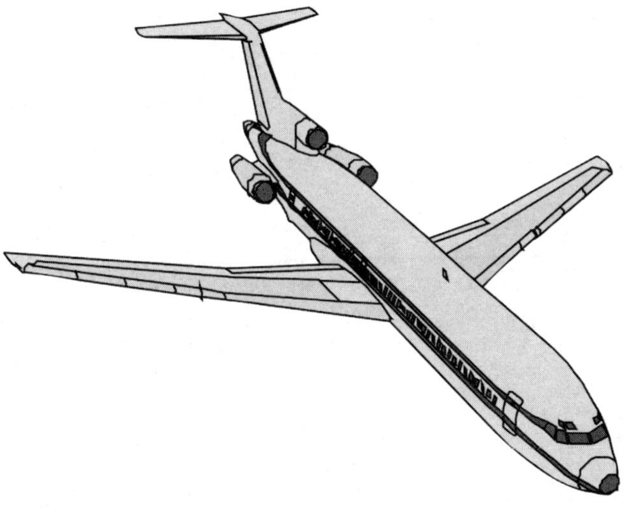

乘警连忙跑到舷窗边一看，机翼下方果然有两枚黑色的炸弹！怎么办？在10000米高空，根本无法拆除炸弹，而飞机不可能永远不降落，汽油是会耗尽的！难道只能束手待毙吗？乘警忙将这个消息告诉了机长，机长思索了一会儿，果断地掉转了航向。

一个小时后，飞机呼啸着降落在机场，全体人员安然无恙。那个男子目瞪口呆，他实在想不通，灵敏的气压炸弹怎么会没有爆炸。聪明的读者，你能告诉他吗？

答案

103.

既然气压炸弹是在海拔2000米以下爆炸，那么只需选择海拔2000米以上的高原着陆，就能挽救全机乘客的生命。比如墨西哥城，海拔高达2300米，飞机选择在那里降落是安全的，不需要采用另外的防护措施。

104. 纵火者的谎言

英国的基正大街和其他地方一样，有宽敞的柏油马路，各种各样的商店和住房。唯一不同的是，基正街 001 号到 700 号房屋全是精致的木质房屋。住在 322 号的吉姆生先生很满意自己的住所。

这天夜里，吉姆生先生被爱犬的狂吠惊醒。他睁眼一看，只见火苗正从屋子的各个角落窜出来，滚滚浓烟熏得人睁不开眼。吉姆生吓得光着脚丫抱起爱犬，夺门而逃。

火虽然被扑灭了，但在这场可怕的大火中，有 20 幢房屋被完全烧毁，30 多幢遭到严重破坏。警察调查发现，大火是从吉姆生先生的邻居 321 号德雅丽女士家里开始的，由于现场已经完全毁坏，起火的原因无法查明。好不容易逃了出来的德雅丽女士，听到丈夫和孩子没能从火海中生还的消息后，悲痛得晕了过去。

过了一会，德雅丽女士精神状态好了一点，警察开始询问她起火的原因。

德雅丽说："我们昨晚参加一个朋友的派对，一直到深夜才回家。回来以后，我丈夫和孩子都说很饿，我就去给他们煎牛排。正在牛排快煎好的时候，我忽然听到孩子大哭起来，连忙放下牛排跑到客厅里，原来孩子手掌被玻璃划破了。我丈夫这时也跑了过来，他把孩子带到浴室清洗包扎，而我返回厨房。没想到，我出去的时候忘记关闭煤气灶，火焰顺着油，已经在锅里烧了起来！"

"只是在锅里烧？那很容易扑灭啊。"警察说道。

德雅丽痛苦地捂住脸说道：“这时我犯了个不可饶恕的错误！我当时完全慌了，随便提起一个桶就朝油锅浇过去，谁知道，桶里面也是油！整个厨房一下子就着火了，我甚至都来不及通知丈夫和孩子……”

警察停下记录，和吉姆生对视了一下，缓缓说道：“德雅丽女士，你因为涉嫌纵火被捕！”

聪明的读者，你知道德雅丽的叙述中哪里有破绽吗？

答案

104.

水比油要重，因此如果是油着火的时候用水去浇，反而达不到灭火的效果，而在锅着火的时候迅速倒上一桶油，正在着火的油会因为缺氧而停止燃烧。德雅丽说倒上油导致整个厨房都着火，显然是在说谎，她很有可能就是纵火犯。

105. 撕纸断案

一日，乾隆皇帝和几个侍从下江南微服私访。他们来到一个村子，只见一群人围在一起吵吵闹闹的。乾隆上前一看，原来是一个叫刘洪和王庆的人在吵架，刘洪说王庆把他的田卖给自己了，而王庆抵死不承认。

乾隆问道："休得喧闹，刘洪，你说王庆一年前就将地卖给你，可有证据？"刘洪忙说："当然有。"

"那你拿出来给乡亲们看看，也好做个凭证。"

"拿就拿"，说完，刘洪从怀里拿出了一张田契。

"乡亲们，那完全是伪造的，我从未写什么卖田契约。"农民王庆赶紧喊冤道。

乾隆把手一摆，示意王庆不要吵闹。然后他仔细地看了看那张里外都已泛黄的田契。沉吟半晌，突然"嘶啦"将田契一撕两半，笑道："这田契是假的。刘洪，你伪造田契，霸占别人土地，该当何罪？"

那么，乾隆是怎样判断田契是假的呢？

答案

105.

一般纸张日久天长会变黄，但这只是表面，里面的应该还是白的。而做过手脚的纸撕开后里外都是黄的，明显是伪造的。刘洪是用茶水浸泡自己写的田契的。

106. 让窃贼自首

著名化学家威廉研制出了很多化学产品，因此成了百万富翁。在伦敦市一条繁华大街上，他有一套豪华的公寓。威廉不仅钻研化学，还对收藏世界名画感兴趣，他几乎花了自己的一半收入，买了许多名画挂在客厅里。

一天夜里，有个小偷钻进屋里，摘下一幅名画卷起来，打算从原路逃走。这时，桌上一瓶高档名酒将他吸引住了。

原来这小偷嗜酒如命，他迫不及待地拧开酒瓶，仰起脖子喝起来，一来解馋，二来壮胆。他正喝着，忽然，门外有响声，大概是仆人听到有什么响动前来巡视了。小偷一听，放下酒瓶，夺路而逃。

第二天一早，威廉发现家中几件文物和名画都不见了，连忙报警。纽约警察局派詹姆警长赶来，组织破案。

詹姆在屋里转了一圈，见罪犯没留下指纹和脚印，只留下一股酒味。詹姆断定窃贼喝了几口酒，便心生一计，要让这罪犯投案自首。

试问：他想的是什么办法呢？

答案

106.

詹姆让威廉写份声明，登在报上。

威廉按詹姆的吩咐，以一个化学家的身份，以充满人道主义的口吻，写下一段文字。他说自己是化学家，失窃那天晚上，放在桌子上的那瓶酒是有毒的液体，谁喝了，不出5天，必定中毒身亡。他要求爱好那幅画的朋友，尽快到威廉家服解毒药，否则生命危险。

窃贼看了声明信以为真，第二天，便带着那幅画自首了。

107. 电话作案

一天下午，在英国首都伦敦的一条街上，有座房子忽然爆炸起火。警察和消防队员赶到现场，及时扑灭了大火。

经勘察，这场火灾是煤气爆炸引起的，在现场发现一具老人的尸体，他是在卧室中被发现的。经过解剖，他的健康状况良好，但在煤气爆炸前服用过安眠药。

在他卧室中，有煤气管漏气的现象。但让警方百思不解的是，煤气为什么会爆炸？引起煤气爆炸的火星是从哪里来的？

在爆炸之前，这个地区停电了，不可能因漏电而起火。警方怀疑被害人的外甥有作案可能。理由是被害人有大量的宝石和股票，都存在银行里，他立下遗嘱，全归外甥继承。老人的外甥也许是想早日继承这笔遗产，而老人却很健康，所以才下了毒手。

而在这房子爆炸前后，他都不在现场，他是在离现场 10 公里远的一家饭店里。服务员还证明，他在饭店里还打过电话，也就是说，老人的外甥不可能是作案者。那么，谁是作案者呢？

警方不得不将几位专家请来帮忙破案。其中有电话发明者贝尔。负责破案的警察局局长向各位专家介绍完案情，贝尔先生站起来说：“肯定是他的外甥利用电话作案的！”

请问：贝尔是如何判断的呢？

答案

107.

嫌疑犯可以先在老人的电话机上安放一个能使电话线短路的装置。然后，他让老人吃下安眠药，等老人入睡以后，他就打开煤气灶的开关，让煤气跑出来，他就乘车到那饭店去。

当他估计老人房间里已充满煤气时，就在饭店里打电话到老人家。这时电话机中有电流通过，却遇到电话线短路，就溅出火花，引起煤气爆炸。电灯线和电话线是不同线路的，尽管电灯停了电，可电话还是通电的。

108. 隐形谋杀

雨后的早晨，家具大亨杰生像往常一样到私家花园里散步。在进花园前，他告诉管家自己要思考一些生意上的事情，不要让别人打扰他。

转眼已经是中午时分，杰生还没有出来。管家觉得有点不对劲，叫上佣人到花园里查看。他们惊讶地发现，杰生已经死了！他倒在花园中央的草坪上，鲜血浸透了身边的草地，脸上的神情满是惊恐。

“天啊！老爷这是怎么啦？”佣人震惊得大叫起来，想跑过去查看，但管家一把拉住了他。

“我们应当保护现场，先报警！”管家说道。

警察们仔细查看，发现杰生已经死去两三个小时了，一把长刀横穿胸部。而雨后松软的草丛里竟然只有杰生自己的脚印！也就是说，可以肯定在这段时间中，只有杰生一个人进入过草坪。因为泥地不同于雪地，大雪会掩盖一段时间前的痕迹，而湿润的泥土只会忠实地记录下一切。

“我觉得是自杀。”一个警察认真思考后说道，“如果是他杀的话，那作案的一定是幽灵。因为杰生倒下的地方距离草丛边缘还有 5 米左右，即便把长刀绑在 5 米长的棍棒上，凶手的行动也会因此变得十分迟缓，杰生可以轻松地避开。”

管家点头同意了警察的分析，他说道：“老爷最近在生意上确实不大顺利，老是心事重重的。可是，这已经不是他第一次面对困境，我们都认为他完全可以渡过难关，谁知道，他会选择这种方式……”

这时候，福尔摩斯也赶到了。他查看了警察的记录，又仔细看了看那把刀。

这是一把标准的日本武士刀，狭长的刀身没有任何弧度，刀刃锋利。忽然，福尔摩斯注意到刀柄上的护手不见了，刀柄的末端有一个小小的凹槽，他马上询问道：“这段时间草坪附近还有其他人吗？”

“只有这名管家。”迷惑不解的警察回答，“可这关管家什么事呢？”

福尔摩斯站起身，大声说：“管家就是凶手！”

你知道福尔摩斯是如何推测的，而管家又是如何行凶的吗？

答案

108.

其实，一把没有弧度的长刀去掉了护手，马上就变成了一把锋利的长箭。我们看到箭都呈流线型，这是因为中间的任何突起都会影响到飞行的速度和方向。

现在，答案就很简单了：凶手成功利用湿润的泥土转移了人们视线，给警察造成了案发现场没有人的假象，然后运用古老的弓箭原理，把长刀当做长箭来使用，射杀了杰生。这也是为什么刀柄底部有一道小小凹槽的原因，这是弓弦的固定槽。管家在附近，有很大的作案嫌疑，况且在发现杰生被杀后，有意的“保护现场”就是为了制造杰生自杀的假象。

109. 一根毒针

在美国哈佛大学安德教授的办公室里，教授正在和他的朋友迈特坐在椅子上喝茶。喝着喝着，迈特觉得脑袋有点儿晕，没等他说什么，教授也耷拉下脑袋昏过去了，然后他也失去了知觉。

当迈特醒来时，已经是第二天了。安德教授已经死了，只见他的颈上扎着一枚约 5 厘米长、带有软木塞的针。无疑，他是被毒针上的毒药毒死的。是谁杀死了教授？迈特恐怖万分，“腾”地跳起来，赶紧去报了警。

警察勘察了现场，并把迈特带回去询问。

“迈特先生，你说你和教授在屋里谈话，门已经被反锁，窗户也已经关好了，是吗？”

“是的，因为我们在谈一件机密的事情，所以把门窗都关好了。”

“那就很奇怪了，经我们检查，门窗都没有被破坏的痕迹。凶手是如何进去杀害死者的呢？”

迈特想了想，终于想起来曾经有个人中途进去过一次。

“教授的一个青年助手端着两杯茶，推门进来过。他给我们送来茶后，又拿来一个水壶，放在教授旁边的火炉上，就把门关上走了出去。教授小心翼翼地把钥匙插到门上的锁孔里，把门锁上，说：‘我不想让任何人打扰我们的谈话。现在，我连自己的助手也不敢相信了。’然后……”

“你赶快带我们去看看那个水壶吧。”

迈特和警察找到了那个茶壶，可是并没有发现什么可疑的事情。

“这个水壶好像有点不一样了，我记得当时这里有个塞子塞着的。”迈特思考着，突然他好像想起了什么，立刻叫警察把那根杀死教授的毒针拿来，结果发现这根毒针上的木塞正是那是塞在壶嘴上的那个。

大家顿时都明白了教授是怎么被害的。

那么，带软木塞的毒针是怎样刺进教授的颈项的呢?

答案

109.

水蒸气在膨胀时，它的压力约比水要大1800倍。教授的助手利用了蒸气的这一特点，把封死壶盖的水壶放在炉子上，用插有毒针的软木塞把壶嘴塞住，然后将壶嘴对准教授所坐的位置和他颈项的高度。水烧开后，蒸气的力量把软木塞同毒针一同射出，扎在已经昏迷过去的教授的颈项上，达到杀害教授的目的。

110. 巧开保险箱

杰姆斯是著名的开锁大盗，不过最近已经改邪归正，做起了老实的买卖。这天，詹姆探长找到他，说请他去开锁。杰姆斯摇头，表示拒绝。

詹姆笑着说："不是让你继续做大盗。事情是这样的：皇室定做了3个用来放机密文件的保险箱。做保险箱的人夸口，说只要有谁在半小时内打开这3个保险箱，就愿意付给他3万英镑。刚好，出来就碰上你了，这方面你是老手啦，3万英镑的酬金可不少哦！"

想到那3万英镑，杰姆斯有些动心了，他对自己的开锁技艺绝对自信。出道以来，他还没有碰到过10分钟内打不开的保险箱。于是，他和詹姆探长一起来到了警察局。

3个用特种钢材铸造的，闪烁着金属光泽的保险箱整齐地排列在办公室中央。精密的锁加上智能密码，看起来完全没有破绽。

杰姆斯在壁炉旁暖了暖手，立刻开始动手，厂商代表则用一只有机玻璃沙漏开始计时。杰姆斯在开第一个保险箱时遇到了麻烦，他足足花了15分钟，尝试了20种不同的方法，直到第21种方法才把保险箱打开。由于有了经验，第二个箱子只花去他7分钟时间。这时，厂商代表示意他暂停。

"我请你停下的原因，是告诉你酬金就在第三个保险箱里。"他阴阳怪气地说，"现在，开始最后一次冲击吧，你还剩下8分钟。"接着，他把沙漏挪到了壁炉旁边，开始重新计时。

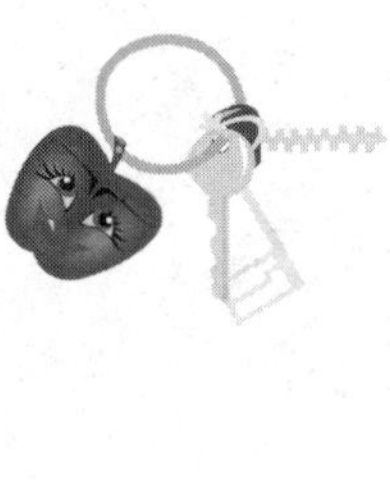

杰姆斯通过刚才两次经验，对这种保险箱已经了如指掌。他顺利地解开密码，打开第三个保险箱，看到了厚厚的钞票。这时，厂商代表责则说他超时了。杰姆斯回头一看，沙漏的刻度上显示为9分钟！他完全不敢相信自己的眼睛!

忽然，杰姆斯灵机一动，明白了沙漏走快的原因。他大声对厂商代表说：“我已经知道是你动了手脚了，酬金还是我的！”厂商代表听说后，顿时面如土色，只好把酬金付给杰姆斯。聪明的读者，你知道厂商代表动了什么手脚吗?

答案

110.

狡猾的厂商代表利用的是热胀冷缩的道理，使沙漏里的沙漏得快。沙漏被放到壁炉旁边以后，受热膨胀，虽然只是微小的变化，但足以让通过小孔的沙子数量增加，从而增加了计时的时间。

因此，杰姆斯实际用的时间远远小于 9 分钟，他应当得到酬金。

111. 煤气惩凶

德比到处流浪，靠每天在街头替人画像勉强糊口。他经常在外面风餐露宿，就算很劳累的时候，也不想回他那个简易顶棚的家。对他来说，家是一个让人担惊受怕的地方，尤其是楼下的桑切斯在家的时候。

那是个不足 15 平方米的小屋子，里面又脏又挤，每当风雨来临时，薄薄的墙板很可能随时被卷走。楼下的流氓桑切斯却非常恼火德比这个简陋的落脚点。在他看来，屋子以上的空间都应是他私人拥有的。

从德比搬进去的那天起，他就开始处处刁难德比，甚至威胁说要把德比杀掉，硬逼着德比搬走。为此，德比吓得整夜没有合眼。

天气预报说晚上将会有大雪，德比今天不回家恐怕是不行了。德比无奈地走上了回家的路。刚刚上楼，穷凶极恶的流氓桑切斯就把德比堵在楼道里，恶狠狠地说道："穷画家，我不是警告过你别再回来吗？当心我今天就杀掉你！"德比惊恐地绕过他，爬到楼顶，躲进小顶棚里熬了一夜。

第二天，一阵警铃把德比惊醒。德比连忙起身，只见桑切斯的屋子已经被警察围住，里面散发出一股刺鼻的气味。又过了一会儿，桑切斯被抬了出来，法医过去测量了

心跳血压，摇了摇头，在他身上盖上一条白被单。

警察得知德比和桑切斯结怨的情况后，他们搬开德比的床，只见床下的楼板竟然被割掉了一大块。原来，桑切斯趁德比不在的时候，割下了位于德比床下的天花板。昨天，他趁德比熟睡的机会，对准天花板上的洞，打开了煤气罐。因此，煤气应当会从洞里源源不断地进入德比的屋子，最终把德比毒死。可奇怪的是，德比安然无恙，而躲在浴室里的桑切斯却因为煤气中毒而死亡。

德比觉得有点不可思议，可是事实又摆在眼前。聪明的读者，你知道是什么原因吗？

答案

111.

煤气确实比空气轻，可是它在空气中并不是呈一股直线上升的。由于空气对流的影响，煤气会首先在空气中扩散，然后和空气混合在一起。期待煤气在空气里笔直上升到楼上，只是桑切斯一相情愿的想法，这个歹毒的想法使他最终葬送了自己的性命。

112. 火神的秘密

南美洲有一个小岛，岛上覆盖着浓密的热带雨林，而生活在热带雨林里的，是一个神秘而原始的部族——火族。

火族人认为火焰是自己的保护神，可以帮助部族摧毁任何强大的敌人。说也奇怪，每次有其他部族入侵，雨林就会神秘地自己燃烧起来，敌人不是被大火烧死，就是被乘势赶来的火族人俘虏。

因此，附近的部族从来不敢踏上火族居住的岛屿，而关于火族保护神的强大威力，更是被传得神乎其神。

后来，很多年过去了，一晃到了19世纪。当时强大的法国凭借自己的火炮，派出远征军征服了南美洲的许多国家。

当地很多人说火族人有火神庇佑，任何试图侵犯他们的人都会被烧死。法国人听了哈哈大笑，他们从不相信有这样的事情，便向火族人居住的岛屿进发。

他们小心翼翼地排成战斗队形，在茂密的原始雨林中搜索前进。一些士兵担心地摸着胸口的十字架，四处张望，唯恐火神降临。可是，一路上别说是大火，连火族人也没出现一个。

就在士兵坐下啃干粮的时候，上校弗朗士忽然闻到一股烟味。他猛然回头，只见身后草丛里冒出一团火光，接着，火势开始蔓延，远处传来了火族人的叫喊声。法国远征军士兵吓得扔下干粮和武器就跑，他们跌跌撞撞，一路跑到海边。回头一看，岛屿中央已经升腾起一个巨大的火柱，冒出滚滚浓烟。

弗朗士上校总觉得这事有点不可思议，难道真的有火神存在？他下定决心揭开这个秘密。于是，他带上了牧师和几个士兵，潜伏在海边，每天用望远镜观察雨林里的情况。他发现，就是在平时，雨林里时而也会冒起青烟，但是一般过不了多久，就会被火族人扑灭。难道这是火神出来逞威风吗？

一天，弗朗士注意到自己的裤子上有难以洗掉的油脂，他仔细回忆了一下，雨林里树木会分泌树脂，一种叫“看林人”的小花香味扑鼻，遍地都是，最后就是大片大片的草地……自己一定是在什么地方不小心蹭到的。忽然，他好像想到了什么，紧皱的眉头舒展开了。他高兴地拉住牧师，指着自己的裤子说：火神的秘密解开了！

聪明的读者，你知道这究竟是怎么回事了吗？

答案

112.

后来，经过科学家的检验，“看林人”属杜鹃科，它的花朵和茎叶内含有一种挥发性强、极易起火的芳香油脂。当森林中空气干燥炎热时，这种芳香油脂就会自燃，酿成森林火灾。火族岛上这种小花特别多，所以火族人居住在湖水附近，无论什么时候发现“看林人”自燃，他们都必须在第一时间扑灭，否则就会酿成波及全岛的大火灾。人的行动往往会加速芳香油脂挥发，这就是“火神”惩罚入侵者，向火族人报警的奥秘所在。

113. 失窃的名画

爱德华太太是一位油画收藏者。在她的收藏品中，有6幅都出自艺术大师的手笔。爱德华太太死后，由于没有子女，她的遗嘱指定侄子霍德斯继承所有遗产，但是，在遗嘱中，她特别注明这6幅油画只限于家族收藏，不得出售或者转赠。

霍德斯对艺术一窍不通，他当然不会花大价钱来收藏、保管珍品油画了。他把绝大部分的藏品委托给拍卖行拍卖掉，而遗嘱中规定不许出售的6幅名画则让他大伤脑筋，捐给博物馆呢，舍不得；自己收藏呢，又没有兴趣。

一天，波洛来到别墅找霍德斯先生。他按了很久的门铃，都没有人出来开门，忽然，波洛听到2楼传来敲击地板的声音，他立刻跑上2楼，推开一扇沉重的木门，看到霍德斯先生被捆绑得严严实实，正在地板上不断挣扎。

"怎么了？出什么事了？"波洛连忙帮霍德斯松绑。

"那些混蛋！那帮歹徒！"霍德斯愤怒得脸都涨红了，他怒气冲冲地说道，"大约一个小时以前，一群歹徒袭击了这里！当时我正面对一幅名画欣赏，忽然一把冲锋枪顶到我脑袋上。接着，两个歹徒取下5幅名画，然后他们逼我把我面前的那幅也给他们。最后，我被枪托狠 狠敲了一下，醒来的时候就被绑得死死的了！天呀，6幅稀世之宝啊！"

波洛看了看霍德斯的脑袋，果然有被钝器敲伤的痕迹。他遗憾地说："这些狡猾的歹徒！那么，你有没有看到他们长什么样子？"

“我看到了。”霍德斯说道，“我从面前油画的玻璃框上看到，一个小胡子，两个……”

“霍德斯先生，”波洛打断了他的话，“看来无论是艺术还是撒谎，你都是门外汉。你这样做的目的是为了骗取保险金吧！”

聪明的读者，你知道霍德斯哪里露出破绽了吗?

答案

113.

作为一个侦探，必须是一个博学的专家。霍德斯的话里露出了和逻辑常识不符的破绽：油画从来不用玻璃框，而是用木框或者专用的画框装饰，霍德斯对油画真是个彻头彻尾的门外汉。

114. 死神的微笑

玛莉美丽热情，她是动物园的驯兽师，负责训练老虎等猛兽。这些平时非常凶猛的猛兽，一看到玛莉就变得温顺听话。在玛莉的调教下，老虎学会了钻火圈、滚球等节目，成了动物园的大明星！

每次动物园举办表演，最后一个压场节目都是由玛莉和老虎来表演：老虎张开血口，玛莉把头伸进老虎嘴里。

这天，正是动物园举办表演的日子，游客们从四面八方赶来，观看玛莉的驯兽表演。老虎在玛莉的指挥下，既机敏又驯服，让观众们发出啧啧的赞叹。

终于，最后一个节目来了，玛莉要像往常一样把头伸到老虎嘴里去。观众的心都提到了嗓子眼，玛莉却一点也不慌——她和老虎已经配合了不知道多少次，是不可能有危险的。

在玛莉的指挥下，老虎顺从地张开了大口，玛莉优雅地给全场观众鞠了一躬，然后返身弯腰，把头伸到老虎嘴里，观众席发出了潮水般的掌声。

就在玛莉把头抽出来的一刹那，老虎嘴角上翘，做出了微笑一般的恐怖表情。接着，老虎将嘴一合拢，玛莉顿时倒在血泊之中！

观众们顿时惊呆了，老虎好像也受惊了，它吐出玛莉，不停地用舌头舔她的脸。其他驯兽师飞快冲上去把玛莉救出来，但玛莉因为颈部血管破裂，失血过多，已经死了。

动物园园长无论如何不能相信这样可怕的事实，最有天赋的驯兽师玛莉竟然被自己驯养多年的老虎咬死！这是完全不可能的！

他强烈要求警方调查，可是警方说事情已经非常清楚，玛莉被老虎咬死，全场观众都亲眼目睹，这有什么好调查的呢？无奈之下，动物园园长找到布莱尔侦探，请他来解决这个离奇的事件。

布莱尔静静听完了事情经过，问道："当天老虎喂饱了吗？老虎的情绪很差吗？"

园长肯定地答复道："老虎在表演前绝对喂饱了，情绪也非常好！何况就算饿着肚子或者心情很糟，它也不会袭击玛莉，他们之间有很深厚的感情。"

这就奇怪了，布莱尔心想。他继续问道："那么，还有什么其他特别的事情吗？"

"倒是有一件事情，"园长说，"不知道重要不重要。有观众告诉我，老虎在合上嘴以前，露出了微笑的表情。"

微笑？真是莫名其妙！布莱尔琢磨着。可是，老虎为什么在合上嘴前笑一笑呢？忽然，他想到了什么，大声说道："我明白了，玛莉是被人害死的，这个凶手真是太聪明了！"

"是吗？"园长连忙问道，"那么凶手到底是谁呢？"

布莱尔胸有成竹地答道："很可能就是玛莉的发型师！"

聪明的读者，为什么布莱尔能根据老虎的微笑推测出凶手呢？

答案

114.

这是个极端凶残和聪明的凶手！他想除掉玛莉，可又没有机会，于是借老虎来行凶。他想办法在玛莉的头发上涂上了一些有刺激性气味的药品。老虎闻到药品的味道，忍不住想打喷嚏，于是露出微笑的表情。由于喷嚏的力度过大，玛莉的脖子被咬断，凶手的目的也就达到了。

115. 蚂蚁官司

一年秋天，上海一家皮革厂的一批产品从上海发货，通过海路运到日本东京。当东京的客户打开包装的启封时，竟然发现崭新的衣服里面黑压压的蚂蚁成群，装衣服的盒子变成了蚂蚁窝！

这还得了！日方老板大怒之下，把成箱的衣服用飞机运回上海，向皮革厂提出强烈抗议，并要求经济赔偿。

如同晴 天霹雳，一直以信誉取胜的这家皮革厂领导层惊呆了。他们一面组织谈判代表团处理这起前所未有的“外经纠纷”，一面迅速向中科院等部门求援，请专家调查这起“蚂蚁案”的来龙去脉。

中科院推荐了丁楷先生这位从事蚂蚁研究50年的专家。丁先生问明了皮革厂的地址，查看了从那批皮革里抓来的“样品”，并组织了两名教授进行“攻关”。结果，丁先生拿出的证据使厂家反败为胜。

请问：你知道他的证据是什么吗？

答案

115.

丁楷拿出了一份权威性的鉴定报告。这是一种名为“伊氏臭蚁”的蚂蚁，常年生活在北海道以外的日本各地，是日本的“土特产”，中国上海一带根本无此蚂蚁。

皮革厂的两位使者如获至宝，日夜兼程赶到东京。正当谈判进入摊牌阶段时，皮革厂的代表出示了这张王牌：“衣服里的蚂蚁是运抵贵国后爬进去的，我方不承担任何责任！”

结果，皮革公司不仅打赢了这场“蚂蚁官司”，挽回了巨大的经济损失，还反守为攻，要求日方赔偿名誉损失。最后，以日本每年增加订购2000件皮革衣服而告终。

116. 鸵鸟血案

W 国为了庆祝建国 50 周年而举行了一系列盛大的庆典。除了鲜花、彩车、巡游外，动物园还特地从非洲订购了一批珍稀动物，免费向公众巡展一星期。

这次从非洲运来的动物中，不仅有鸵鸟、大象、狮子这些大家都熟悉的动物，还有白犀牛、山地大猩猩等难得一见的珍贵品种。每天赶来参观的人络绎不绝，动物园里出现了从来没有过的热闹场面。

今天是最后一天免费开放的日子，当动物园的大铁门打开后，排在最前面的孩子们便欢快地叫起来，一窝蜂地朝前冲过去。

忽然，从人群中传来孩子惊恐的尖叫声，大人们连忙跑上来一看，也吓了一大跳，只见两只新运来的鸵鸟倒在血泊之中；更刺眼的是，凶手残忍地剖开了鸵鸟的肚子。

警察在第一时间赶到了现场，他们经过仔细检查，在一个不起眼的地方发现了被锯断的铁栏，地上还找到了麻醉枪的弹壳。凶手显然早有准备，他锯断栏杆，用麻醉枪制服鸵鸟，迅速作案并离开，没有留下任何指纹和有价值的线索。

警察局局长一边查看现场，一边忍不住咒骂：“该死的凶手！为什么用这样凶残的手段来对付两只鸵鸟？”

一同赶来的华生点头说道：“不错，你说到了点子上，为什么？”

警察局局长愣了一下：“不知道。也许凶手是个心理变态吧？”

华生摇头说道：“显然不是，凶手的目的并不是杀死鸵鸟，因为他使用了很专业的麻醉枪，他的目的是剖开鸵鸟的肚子！”

警察局局长有点糊涂了：“可是他为什么要这么做呢？你的意思是，这是一桩悬案？”

华生笑笑说：“不，凶手已经找到了，很可能就是运送动物的公司，这应该是一桩走私案。”

警察局局长更迷惑了。聪明的读者，你能为他解开心中的谜团吗？

答案

116.

鸵鸟没有牙齿，所以拥有不同寻常的胃。它能吞食大量小石子，用胃里的小石子来弄碎食物帮助消化，这种小石子不排泄，会留在胃里。因此，犯罪分子觉得这是个很好的从南非走私钻石的机会，他们让鸵鸟吞食了大量钻石，等回到国内，再想办法杀死鸵鸟，取走钻石。

117. 冰雪疑凶

每年冬天，许多游客都喜欢到苏格兰的滑雪场上尽情运动。福尔摩斯和华生也离开了潮湿多雾的伦敦，来到滑雪场附近的朋友家里，准备在这里度过一个惬意的冬天。

这天，福尔摩斯和华生到屋外散步，当转过一片小树丛的时候，忽然从树丛后面跳出来一个全身上下湿漉漉的黑衣男人。看到福尔摩斯和华生，他立刻大叫起来："来人呀，有人落水了，快来帮忙救人呀！"华生连忙跑过去，热心地问："谁落水了？在哪里？"

那个男人抓住华生的手说："我和朋友出来散步，从结冰的湖面上走过时，一块薄冰忽然裂开，我的朋友掉了下去，天啊！我没有拉住他，随后我跳下水去，也没有找到他在哪里，只好跑来找人帮忙。"

福尔摩斯和华生二话不说，立刻和那个男人一起向湖边跑去。他们穿过树丛，越过土丘，然后在冰面上艰难跋涉。看到那个男人的衣服都快结冰了，福尔摩斯连忙把自己的大衣脱下来给他穿上。

半小时以后，他们终于到达了发生事故的地方。由于大雪不止，破裂的冰层上已经结了一层薄冰，经过了这么长时间，看来失足落水的人已经没有生还的希望了。

"杰克，我来晚了！"那个男人扑倒在地，伤心地大哭起来。福尔摩斯拉住他说："算了吧，别再装了！你虽然精心策划，但还是留下了破绽。"

华生有些不解地问道："死者还没打捞上来，冰层破裂不像人工切割的样子，你怎么判断他的朋友是被害死的呢？"福尔摩斯微笑着说："不错，冰层的确是自然破裂的，

但这并不能说明他的朋友是失足掉下去的。根据我的判断，很有可能是被他杀害以后，扔到水下去的！”

你知道大侦探为什么能识破杀人犯的诡计吗？他在哪里露出了马脚？

答案

117.

其实，判断的依据非常简单：男人出现的时候浑身湿漉漉的，而事发地点距离他出现的地方有半小时路程，如果他真是跑出来求救的，应该全身都冻得结冰才对。因此，可以判断出朋友是他推下去的，或者在别处杀害以后再推下去的，而他自己则在某个地方弄湿衣服，出来呼救。

118. 神秘的触电死亡

亚马逊河是世界第二大河流，经巴西流向东方的大海。在亚马逊河上游，有一片神秘的热带鱼雨林。

这天，一个昆虫学家来到这里采集新的蝴蝶标本。在这片热带雨林里，他忍受不了酷暑的炎热，决定到亚马逊河支流的池塘里洗个澡。

他脱光了衣服跳进河里，正当他痛痛快快地游泳时，突然一声惨叫，全身瘫软，当即触电身亡。

然而，这里是尚未开发的处女地，既无发电机，也无输电线路。当时天空晴朗，万里无云，不可能是遭受雷击。

那么，此人触了什么电死亡的呢?

答案

118.

这位昆虫学家是触到带电的鳝鱼死亡的。带电的鳝鱼属于一种硬骨类科的淡水鱼，产于南美的亚马逊河和奥里诺科河，鳝鱼身长达 2 米，尾部两侧生有两个发电器官，可产生 680 ~ 850 伏的电压。

所以，如果触到该发电器官，就会遭受到猛烈的电击。这种鳝鱼在觅食或防御对手进攻时，会放出强大的电流。

119. 鸡蛋的奥秘

19世纪末，沙皇的军事专家们研制出一种新型武器，但武器的图纸却失窃了。这令当局非常恼火，要知道这关系到国家的安危。

大街上到处都是盘问的警察，人们的生活也变得紧张不安起来，但是在那战乱纷飞的年代也只有小心翼翼了。虽然警察们都很努力，但是仍然找不到任何线索。没有办法，警察局局长只好请来了当时著名的大侦探帮助破案。

一天，探长来到检查站。当他看到一位老太太挎着一筐熟鸡蛋从检查站走过时，就转身问旁边的一位警察："这位老人经常带熟鸡蛋出去吗？"

"是的，我还吃过她的鸡蛋呢，她会有什么问题？"

"问题就在鸡蛋上。"探长让警察追回老太太。放在筐底层的鸡蛋被剥去壳后，大家发现蛋白上有清晰的字迹。

你知道那些字是用什么方法写上去的吗？

答案

119.

用醋酸把秘密内容写在鸡蛋壳上，然后将鸡蛋煮熟，鸡蛋的外壳上一点痕迹都没有，字迹都留在了鸡蛋的蛋白上。这是醋酸和构成鸡蛋壳的主要物质——钙作用的结果。

120. 纵火幽灵

在伦敦郊区的一个农庄里，种植着闻名全国的玫瑰。庄主詹姆雷斯对他的玫瑰爱如珍宝，专门盖了自动调节温度的玻璃房，让玫瑰在最好的环境里成长。

盛夏的一天，詹姆雷斯生怕玫瑰被太阳烤坏了，拿出冬天储存下来的干草铺到玻璃房里，又在草上放上大量冰块，玻璃房的温控系统也调到最低。看着温度表上的22℃，庄主终于松了口气。

傍晚，天空忽然下起雨来，一直下到天亮。望着难得的雨水，庄主心里充满了喜悦。这真是及时雨啊！趁着闲暇，庄主便在中午时分套上马车去集市买肥料去了。

马车刚出庄园，他忽然看到庄园里腾起一股黑烟，接着红色的火苗也蹿了上来，好像玻璃花房失火了！他大惊失色，连忙全速赶回去。只见玻璃房的干草已经被点燃，滚滚黑烟弥漫着整个上空。等火完全扑灭的时候，玫瑰也烧得差不多了。詹姆雷斯见状，大哭起来。

这是多么惨重的损失啊！他忙着给老朋友亨利探长打电话，请他一定把那个该死的纵火犯找出来。探长立刻带领警察赶到现场，可奇怪的是，在现场只有詹姆雷斯自己和两个赶来救火的仆人的脚印，此外连个鞋印都找不到。按道理，刚下过雨的湿地不应该没有脚印。

探长接着询问在附近劳作的仆人，他们也说起火时玻璃房里没有人。难道是幽灵来纵火？案情一时陷入了僵局。

探长摇摇头，围着玻璃房绕了一圈。忽然，探长注意到玻璃房顶部有一圈圆形的凹槽，这些凹槽围绕着房顶边缘排列，非常整齐好看。“这些是透水孔。”詹姆雷斯见探长注意，便在一旁解释，“是用来让房顶积水流下来的。”探长沉思了一会儿说道：“纵火犯找到了，并不是什么幽灵，而是这些圆形凹槽！”詹姆雷斯无论如何也想不通，自己耗费巨资修建的玻璃房，怎么就成了害死玫瑰的凶手了呢？

聪明的读者，你能告诉他吗？

答案

120.

玻璃凹槽在盛满了水的时候，就变成了一面凸透镜。太阳光通过这一排凸透镜聚焦到干草上，不着火才怪呢！看来，詹姆雷斯不需要找什么幽灵凶手，而应该让为他设计玻璃房的设计师好好反省一下。

121. 冒牌英雄

在苏联的列宁格勒流传着这样一个感人的故事：

在列宁格勒保卫战期间，有一次，德军一个连进攻苏军守卫下的医院，当时医院里的预备队都被调去支援其他阵地，仅剩下几名士兵、医护人员和伤员。为了让士兵和医生迅速带伤员撤离，法国人星巴克独自承担起掩护的重任。德军一个连发起了三次攻击，甚至动用了火炮，才攻陷医院。他们无论如何想不到，掩护医护人员成功撤离、抵抗了一个多小时的，竟然只是一个法国人！而在医院被攻陷后，大多数列宁格勒人都认为星巴克牺牲了。

战争胜利后，为了缅怀这位英雄，列宁格勒居民为他建立了一座雕塑，还以他的名义设立了基金，专门帮助退伍的老兵。

在基金成立的庆祝会上，一位退役的将军饱含深情地向人们讲述了星巴克的英雄事迹。就在大家都在怀念英雄时，一个老头站起来说道："其实，我就是星巴克，我没有死！"

会场的气氛一下子沸腾了！主持人马上邀请星巴克上台，为大家讲述自己的传奇经历。德军攻占医院的时候他受了重伤，神志不清，当他再次醒过来的时候发现自己身在医院里。随后，他作为战俘被押送到集中营，一直待到战争结束。接着，星巴克回忆起自己小时候在列宁格勒的幸福时光。列宁格勒是一个美丽而安静的都市，他就出生在这里。他父亲在 1911 年就来这里做生意，开了一家叫做"列宁格勒"的木材店，做木材加工生意。到他出生的时候，商店已经开得很大很大……

忽然，人群中有个年轻人站起来打断了他的话："你不是星巴克，你是个骗子！"

在场的人全都惊呆了：这是一个不到 20 岁的小伙子，他怎么可能知道星巴克在撒谎呢？难道他有未卜先知的本领？当小伙子把自己的理由一讲，大家终于恍然大悟。

聪明的读者，你知道是什么让小伙子看出这是个冒牌星巴克的吗？

答案

121.

一个优秀的侦探必须拥有全面的知识，包括历史知识。在 1911 年的时候，俄国还在沙皇统治下，当时的列宁格勒叫做圣彼得堡，星巴克的父亲不可能在那个时候就开一家名为"列宁格勒"的木材店。

122. 愚蠢的盗贼

埃森公爵的遗孀密藏一件稀世珍宝，那是一颗重达60克拉的大钻石。大盗库班因病卧床，于是叫来两名助手德娃和卡布，命令她们说："你们俩去给我偷来，这是考验你们是否顶用的机会，那颗钻石就藏在卧室的秘密保险柜里。"

"怎么打开保险柜呢？"

"保险柜上有相当复杂的密码锁，要是我去的话定会将锁打开，可对你们来说就不那么好对付了。所以不管用什么方法，只要打开保险柜的门就行。公爵夫人外出旅行了，现在那是一座空房。"

于是，两个助手带了氧气切割机和高压氧气瓶，溜进了那所房子。从卧室的墙上揭下一张油画便露出了保险柜。它虽然很小，但却是钢制的，又镶嵌在墙壁上，所以将保险柜搬走是不可能的。

两人操起氧气切割机干了起来。灼热的火焰很快将保险柜的门烧红了一大块，不久就像糖稀一样开始熔化。很快，保险柜门就被切割出一个大洞。德娃顺着洞往柜里一看，里面却什么也没有，只有一小堆灰。

"真怪，哪有什么钻石呀？"

卡布很吃惊，套上耐火手套伸进去一摸，里面果然是空的。两人像泄了气的皮球一样回到库班那里。

"怎么，没有钻石？你们俩究竟怎么打开保险柜的？"库班追问道。

"我们用的是氧气切割机，用它没什么大动静。"

"真是蠢货！再大的声响也不要紧呀，那是一座空房，为什么不用电钻？"库班痛骂了两人一顿。

请问：那两个助手出了什么错？

答案

122.

保险柜里的那一小堆灰就是那颗大钻石。钻石是地球上最坚硬的，其成分是碳元素的纯结晶体，如果温度超过850℃就会燃烧。

氧气切割机火焰温度高达2000℃，用如此高温的切割机切割小小保险柜门，致使保险柜中的钻石燃烧，变成了二氧化碳。

123. 凶手的错误

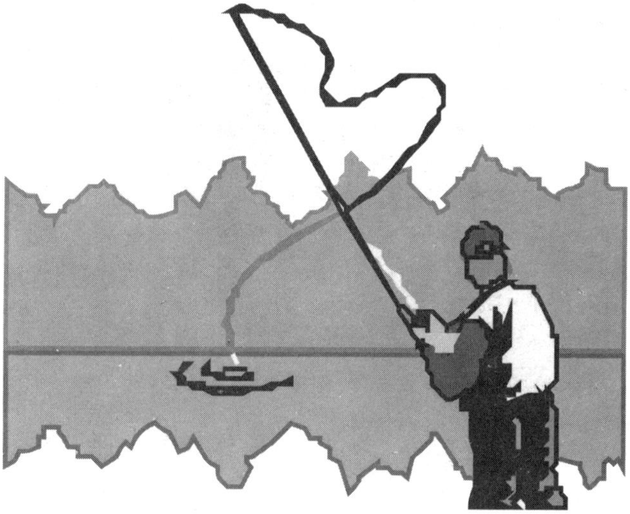

某夜，在M市一条江边发生了一起凶杀案。警方在当地群众的帮助下，很快抓到了一名嫌疑犯。

“昨天晚上10点左右，你在哪里？”警员问。“昨晚我整夜都在江上钓鱼。”犯人故作轻松地回答。“有人证吗？”警员问。“没有，我的钓具可以证明吗？”嫌疑犯天真地问。“不能，你在哪岸垂钓？”警员又问道。“南岸。”罪犯说，“昨天的月亮很大，圆圆的映在江面上，美丽极了。”

“是吗？”警官用嘲讽的语调说，“昨夜确实是满月，而且天气也很好，月亮在晚上7点就出来了，一直到凌晨4点才落下。不过这些不能证明你晚上10点不在发案现场。快交代吧，你刚才在说谎。”

警官这样说的理由是什么？

答案

123.

这个愚蠢的凶手说自己在南岸垂钓，还看到了江面上的月影。他犯了一个常识性的错误。南岸垂钓，必定面朝北方。在北半球由于地球的自转，月亮和太阳都是由东向西穿过南方的天空。因此面向北方的钓鱼人根本看不到江面的月影。所以警察据此判断此人在说谎。

124. 窒息死亡

一天傍晚，在印尼首都雅加达的一幢公寓里，警察在一个房间里发现了一具只穿着裤衩的男尸。他似乎是在吊床上睡午觉时死去的，室内摆着的两台电风扇已经停了。

验尸结果是窒息死亡，尸体上没有任何伤痕，虽然从肠胃里检查出一些安眠药，但不是致死的剂量。

死亡时间是下午3点左右。因为在睡午觉时窒息身亡有些不太合乎情理，所以警察把它当做他杀而立案侦破，第二天就抓到了罪犯。罪犯是被害者的表弟，死者曾经从其表弟那里借了一大笔钱。

案发当天上午8点左右，公寓的管理员曾亲眼看到死者的表弟离开被害者的房间，以后他在他工作的电器行一直工作到深夜。

请问，他究竟使用了什么手段使被害者窒息死亡？

答案

124.

凶器就是那两台电风扇。凶手在上午8点左右离开现场时，把吃了安眠药的被害者衣服扒光，让他睡到吊床上，将两台电风扇同时打开并定了时间，强风使入睡者的全身汗毛堵塞，造成窒息死亡。

人不仅仅是用鼻子呼吸，还用全身皮肤上的汗毛孔呼吸，如果长时间造成皮肤呼吸困难，最后将导致死亡。所以要特别注意，幼儿睡觉时吹电风扇是危险的。

发现尸体时电风扇已经停止转动，这是因为罪犯使用了电风扇上的定时器。

125. 超完美自杀案

在纽约郊区，有一座破旧的公寓。公寓里住的都是一些靠救济金生活的可怜老人。冬日的一天，管理员发现一个多星期没看到3楼的乔泰里特了。乔泰里特是一位退伍老兵，在第二次世界大战中被炮弹炸断了左腿，子女又都失业了，只好独自住在这座破公寓里。

于是管理员来到3楼，敲了几下门，但房间里没有一点反应。门从里面反锁住了，管理员用钥匙也无法打开。管理员便报了警。

等到警方赶来，用工具砸开房门后，人们便看到里面恐怖的一幕：乔泰里特被一根绳子直挺挺地吊在屋子中间，已经去世很多天了，屋子里净是令人窒息的难闻味道，窗子也关得紧紧的，只有换气风扇在不紧不慢地转动，发出单调且刺耳的声音。

警方随即展开了调查。他们发现乔泰里特距离地面有1米，而且身下没有任何用来垫或踩的物品，只有一条腿的老兵是无论如何也不能凭空跃起1米高的，地上也没有潮湿的痕迹，说明不是用冰块一类的物品做垫脚。

警方断定这是一起谋杀案。可屋子的门是反锁的，窗子也关得紧紧的，如果是他杀的话，凶手怎么逃离现场呢？

赶来查看现场的探长凭着多年的经验判断，坚定地说："我觉得老乔泰里特是自杀的。我刚才调查过，乔泰里特在死前两个月为自己投了巨额保险，他如果被谋杀，保险公司就要向他的遗产继承人赔付200万美金的保费。""可是，他是如何自杀的呢？"警官反驳道，"他只有一条腿，是无法够到离地近3米高的绳圈的。"

探长没有说话，只是仔细地搜查了房间。他在废纸篓里找到一张被揉得皱巴巴的纸团，展开一看，是一张化学品商店出具的收据，再看到转动的风扇，他立刻明白了老乔泰里特的良苦用心——他想用自己的死换取子女们更好的生活。可惜，他精心布置的他杀现场还是被探长识破了。

聪明的读者，现在你清楚乔泰里特是如何自杀的吗？

答案

125.

乔泰里特在化学品商店购买了一大块干冰，然后躺在干冰上自杀了。干冰是固态的二氧化碳，受热不会融化，而是直接气化，生成的二氧化碳由换气扇排出去。当尸体被发现的时候，二氧化碳早就排光了，干冰也消失得无影无踪，乔泰里特真是用心良苦啊。

126. 飞来的小偷

一天，日本的一位富翁在东京城外别墅里举行宴会，别墅里绿树成荫，百鸟齐鸣。客人们一边谈天说地，一边品尝美味佳肴，一个个显得十分高兴。

这时，一位女宾在去洗手间洗手时，把钻石戒指放在外间靠窗的桌子上，等到出来时，钻石戒指却不见了。

门是关着的，洗手间在 3 楼，也没人来过。别墅中的仆人都忠实可靠，何况，失窃之前也没有一个仆人上过楼。再说窗子外面也没有梯子，难道小偷是从天上飞下来的？

大富翁为此事很生气，认为这事又一次丢了他的面子。因为在他的别墅里，已经第三次发生这样的事了，他非要查个水落石出不可，他拿起电话就准备报警。

这时，从宾客中走出一位名叫山田吉木的中年人，他是位动物学家。他听那位女宾讲了事情的经过，又听富翁讲了以前发生的两起失窃案件的经过，胸有成竹地说：“先生，你别报警，这件事让我来试试吧！”

哈尔克先生在别墅四周转了转，指着一棵大树上的喜鹊窝说：“派个人爬到树上，到喜鹊窝里查查看。”

一位机灵瘦小的仆人很快就爬上大树，他将手伸到喜鹊窝里一摸，大声叫道：“金耳环、钻石戒指、项链，都在这儿呢！”

聪明的读者，你知道小偷是谁吗？

答案

126.

山田吉木说：“有些鸟儿，如喜鹊、松鸡等，它们喜欢闪闪发光的东西，有时会把这些东西衔回窝里，我根据这点，才怀疑是喜鹊干的呀！”

第四篇

神机妙算

许多人都很佩服高明的侦探家，甚至认为他们有特异功能，因为他们会分析出每一个案件的来龙去脉。事实上果真如此吗？哈哈，自己看看就知道了！

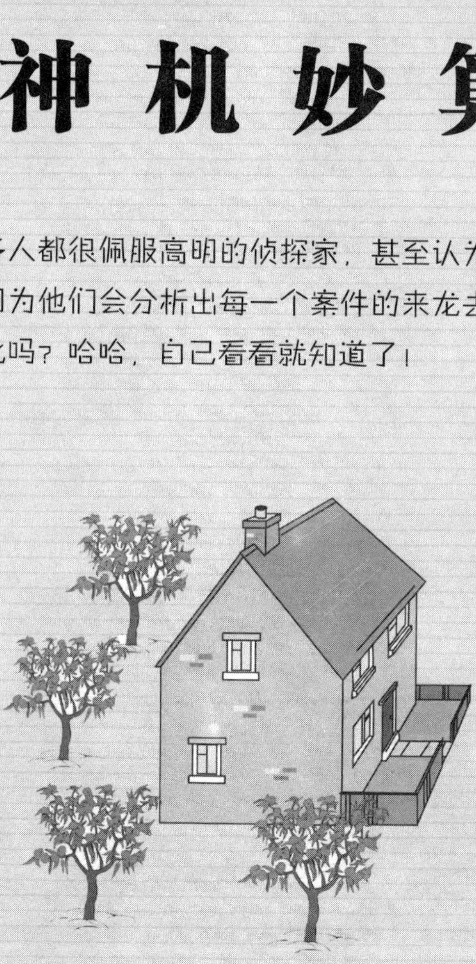

127. 乐队中的特务

戴维斯是国家安全情报系统资深职员，现在他站在街边，紧紧盯着对面一个身穿米黄色风衣的中年人。敏锐的职业感觉告诉他，这人就是一个非常危险的特务。

戴维斯从上个月开始，就盯上了他。这个中年人先是推着流动售货车在街上贩卖冷饮和小商品，后来又扮成观光客四处闲逛，最后干脆到附近一家冲印店打了一周零工，而他做的这一切，都是在国会大厦附近。

随着跟踪时间的延长，戴维斯敏感地发现这个中年人不是一般的特务，很可能是负责协调本地区特务工作的大人物。今天，戴维斯决定逮捕他，理由嘛！没有特务不随身带枪的，非法持枪就是个现成的理由。

戴维斯紧紧跟上几步，准备在下一个行人稀少的街头拘捕这个中年人。他右手往后握住手枪的枪柄，左手摸了摸口袋里的手铐。这时，一辆公共汽车忽然加速疾驰过来，戴维斯连忙向后让，就在这瞬间，中年人穿过大街，消失在人群中。

戴维斯飞快地穿过大街，可哪还有米黄色风衣人的影子？迎面走来一个 4 人一排的大约 30 人的乐队，可最后有一个乐手没有排进队伍里。指挥把乐队排成 2 人一排或 3 人一排的队伍，却依然有一个人不能排进去。

戴维斯忍不住高声喊道：“你让他们排成 5 人一排啊！”果然，这样乐手就刚好排下了。

戴维斯继续搜索中年人的踪迹。他在街角只找到了那套米黄的风衣，而人却不知

去向。卖报人回忆说好像是跟着乐队走了。卖报人又补充说，乐队走来的时候最后是没有多出一个人的。

戴维斯计算了一下，不由得连呼上当，原来中年人混进乐队逃跑了！现在，他只剩下写报告追查乐队一条路。但是，这支乐队加上那个中年人后究竟有多少人呢?

答案

127.

乐队总人数分别除以2，3和4以后，都有一个余数。符合这一条件的最小数字，一定比2，3，4的最小公倍数大1。2，3，4的最小公倍数为12，任何一个比12的整数倍大1的数，被2，3和4除以后，都有余数1。

而当乐队以5人一排行进时没有余数，可见，总人数还必须恰好能被5整除。我们可从下列数列寻找能被5整除的数：13，25，37，49，61，73，85……由于知道乐队人数在30人左右，所以可以断定确切的人数是25人。

128. 天才警探

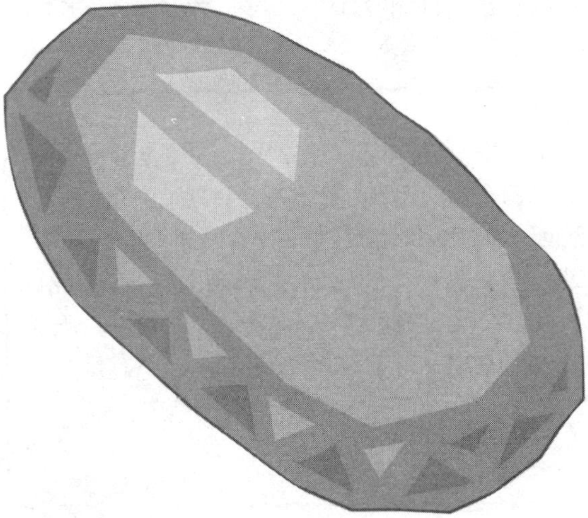

作为边境口岸的把关人，杰文斯警探和钻石走私商们已经斗争了许多年。而最值得津津乐道的，还是他从面粉团子里检验出钻石的故事。

那时，边境还没有现代的电子仪器，所有的过关物品都用磅秤来称量。而为了节约开支，磅秤竟然没有添置整套秤砣，不能称量50千克到100千克之间的物品！走私商们觉得这是一个可以钻的很大的漏洞。

于是走私商们购买了大量面粉，然后把钻石藏在搓成团的面粉里，然后放心大胆地扛着一包包面粉团子来验关了。

杰文斯觉得这帮人很蹊跷：运 5 袋面粉团子竟然来了 6 个人，而且他们的表情看起来有掩饰不住的慌张，这说明装面粉团子的口袋里面一定有鬼！但是，这是 5 袋标称 55 千克的面粉团子，根据口袋上的说明，每袋面粉的误差在 4 千克以内，也就是说，在 51 千克到 59 千克之间。

即便走私商们在面粉团子里掺了大量钻石，这个范围内的物品也是无法用磅秤来称量出实际重量的。在这种情况下，除了打开口袋一点一点分辨，几乎没有别的办法了。看着后面排得长长的队伍，杰文斯犹豫了。

“警官，快点！”一个走私者看到杰文斯为难，用幸灾乐祸的口气说道，“我们还赶着探亲戚呢！没看到后面还有这么多排队的人吗？”

杰文斯冷静地分析了一下，他决定称量出面粉团子的实际重量。既然磅秤无法称量 50 千克到 100 千克之间的物品，他便把 5 袋面粉团子一对一对地称，5 个口袋组成不同的 10 对，一共称了 10 次。

得到 10 个数字由小到大依次排列如下：110 千克，112 千克，113 千克，114 千克，115 千克，116 千克，117 千克，118 千克，120 千克，121 千克。然后，杰文斯提起笔计算了几分钟，抬起头对走私商冷冷地说："你们竟然在面粉团子口袋里掺了 3 千克以上的钻石！这样的罪行足够让你们终身监禁！现在，你们被捕了。"

那些走私商怎么也想不通，杰文斯警探怎么在这么短的时间识破了他们的诡计。聪明的读者，你知道杰文斯是如何解决这个问题的吗？

答案

128.

把称得的 10 个数字相加，得到 1156 千克，即是各个口袋重量之和的 4 倍。把 1156 千克除以 4，得知 5 个口袋共重 289 千克。

为方便起见，把 5 个口袋按重量大小依次用字母代表：最轻的一个口袋为 A 号，次轻的一只口袋为 B 号……最重的一个口袋为 E 号。不难理解，在 110，112，113，114，115，116，117，118，120，121 这 10 个数字中，第一个数字 (110) 是两个最轻的口袋 A、B 的重量之和，第二个数字 (112) 是 A、C 两个口袋的重量之和，最后一个数字 (121) 则是最重的两个口袋 D、E 的重量之和，倒数第二个数字 (120) 是 C、E 两个口袋的重量之和，即：

A+B = 110(千克)……(1)

A+C = 112(千克)……(2)

C+E = 120(千克)……(3)

D+E = 121(千克)……(4)

由此，不难算出 A、B、D、E 这 4 个口袋的总重量为 110+12 = 231（千克）。从五个口袋的总重量与这个重量之差，即可求得 C 的重量为 289−231 = 58（千克）。把 C 的值代入（2）、（3）两式，分别求得 A = 54（千克），E = 62（千克），随后可依次求得 B = 56（千克），D = 59（千克）。

因为面粉团子的重量误差是在 4 千克以内，而 62 千克的面粉团子说明走私犯至少在一袋面粉团子中掺入了 3 千克钻石。

129. 国际反恐组织的难题

国际反恐组织得到消息，制造了多起恐怖事件的“黑鹰”组织首领伯德和另外一些核心成员，一年前躲避到G国来了。现在他们频繁接触，似乎在酝酿新的恐怖计划。

国际反恐组织G国反恐负责人亚伯拉罕觉得这是个难得的机会。平时这些恐怖分子都散布在全球各地，要把他们一网打尽简直比登天还难。而现在，这样的机会就在眼前。

G国是个岛屿众多的国家，小岛之间不通公路，只能用水上飞机和游艇来做交通工具。据可靠情报了解到，恐怖分子散布在不同的岛屿上，定期到伯德的住所碰头。

亚伯拉罕换上蛙人的衣服，潜水到伯德的住所外面观察动静，整整一个星期，他才完全弄清楚绑匪的活动规律，给行动组带回了一个好消息和一个坏消息。

好消息是，“黑鹰”组织的7名主要恐怖分子头目都在小岛上，他们和伯德保持着固定的联络；坏消息是，恐怖分子很谨慎，他们是这样碰面——第一名恐怖分子隔一天去伯德那里一次，协助他处理事情；第二名恐怖分子隔两天去一次，第三名恐怖分子隔三天去一次，第四名恐怖分子隔四天去一次……以此类推，第七名恐怖分子要每隔七天才去一次。为了避免打草惊蛇，把恐怖分子们一网打尽，亚伯拉罕决定等到7名绑匪都碰面的那天再行动。

这个决定遭到了组织一些成员的质疑。他们说，这些人的活动是如此神秘，以至于好像永远不会有7人同时出现的时候。另一些人则说，虽然这些人可能同时出现，但是这必定是在一个遥远的日期以后，比如10年或者20年后，所以计划是完全不可行的。

说来说去，没有一个人能说清楚，恐怖分子究竟会不会同时出现，而如果同时出现的话，又将是在什么时候？

聪明的读者，你能解决这个难题，帮助反恐组织抓住所有犯罪分子吗？

答案

129.

先从第一个恐怖分子开始去的那个晚上计算。如果7个恐怖分子头目能同时碰面，他们之间间隔的天数一定能够被2，3，4，5，6，7整除，现在我们可以很方便地得出这个数字是420。

因此，在他们开始会面的第421天，7人将首次同时出现。而由于他们已经在G国住了一年，所以离这一天的到来已经不会太远了。

130. 冒牌科学家

里斯镇今天非常热闹，许多居民带着鲜花站在路边，镇长威廉先生西装笔挺，站在队伍的最前面。原来他们正等待著名的科学家——劳伦斯教授的到来。

只见远处缓缓驶来一辆黑色轿车，从车上下来一个着装很随便的人，他正是劳伦斯。小镇居民们发出了热烈的欢呼。随后，劳伦斯在居民的簇拥下来到镇电影院，为大家作演讲。

演讲最后，劳伦斯说道："每个人都知道，科研需要购买大量的器材和实验用品，但由于政府财政上的困难，暂时没能给我们科研室足够的经费，我们的许多科研便因此停顿下来。这是非常可惜的！如果在座的不想看到这种局面的话，请为我们的科研捐款吧！"

居民的情绪被调动到最高点，大家纷纷取出支票本，准备给"劳伦斯科研室"捐款。但威廉先生却觉得有点不对，从来没有听说著名的劳伦斯教授会自己到处游说拉赞助，何况还专程来到这样偏远的小镇！

他思考了一下，抱起小孙女，悄悄对小孙女说了几句话，便高声说道："劳伦斯先生，我的小孙女有个小学数学问题想请教你！"

在居民的哄笑声中，小女孩用稚嫩的声音问道："一家工厂4名工人每天工作4小时，每4天可以生产4架模型飞机，那么8名工人每天工作8小时，8天能生产几架模型飞机呢？"

居民们的笑声更响了，大家都觉得这个问题不但简单，而且还有点弱智。劳伦斯微笑着回答："所有条件都翻了一番，当然答案也翻一番了！是8架飞机，对不对？"居民们先是一愣，然后再次大笑起来。

威廉先生站起来说道："居民们，这个冒充劳伦斯是到处行骗的冒牌货，大家不要上当啊！"顿时，台上的"劳伦斯"脸色发白，他想不到一道小学数学题目竟然揭穿了自己的本来面目！

聪明的读者，你能做出这道题吗？

答案

130.

是32架。可以这样计算：4人工作4×4小时生产4架模型飞机，所以，1人工作4×4小时生产1架模型飞机，这样每人工作1小时就生产$^1/_{16}$架模型飞机。

因此，8人每天工作8小时，一共工作8天，生产的模型飞机数目就是

$8\times8\times8\times{}^1/_{16}=32$架。

131. 难解的遗嘱

这天下午，戈尔警长刚刚走出公寓，就被两个年轻人拦住了。他们急切地询问道："请问你就是戈尔先生吗？快帮帮我们吧，我们都快被那个无赖急死了！"

戈尔把两人带回客厅，询问他们到底发生了什么事。

一个青年说道："戈尔先生，我们的父亲和杰斯的父亲合伙买了一幢豪宅，还有豪宅后面的一大片果园。可我们父亲不知是受了什么迷惑，他竟立下了把豪宅留给杰斯家，只留下果园给我们的遗嘱！"

"根据我的看法，"戈尔缓缓说道，"虽然这对你们很不公平，但是立嘱人的意思应该受到尊重。所以，我帮不了你们。"

另一个青年人忙说："不，你误会了。我们不想和杰斯争夺房产，可我们都不住在伦敦，没办法经营果园，便要求杰斯折价给我们。可是，这无赖以无法估价为由拒绝了我们！"

"现在由于时间久远，我们也弄不清楚果园到底值多少钱。"青年补充道，"我们翻阅了当时的记录，记录上这样记载：我父亲准备要杰斯给他杰斯家 3/4 的钱，再加上他自己的钱，买下这幢价值 500 万英镑的宅子，而杰斯家剩下的钱刚好够买下果园。后来，杰斯家提议，我父亲拿出自己的 2/3 的钱给他们来购买房产，而我父亲剩下的钱也刚好够买果园。"

另一个青年忧心忡忡地说："这可真是一笔糊涂账啊！谁知道这果园到底价值多少钱呢？要是——"

"先生们。"戈尔说话了，"我已经计算出你们果园的准确价值了，你们可以去向杰斯家要钱了。"

两个青年人目瞪口呆，他们没想到戈尔竟然这么快就解决了这个难题。那么，你知道戈尔是怎么计算出来的吗？

答案

131.

假设杰斯家的钱数为 x，青年的父亲的钱数为 y，则果园的价值等于 $y/3$，也等于 $x/4$。此外，已知 $3/4x+y$ 等于 500 万英镑，而 $2/3y+x$ 也等于 500 万英镑。从这些方程中可以解出青年的父亲有 250 万英镑，而杰斯家的钱是 333.33 万英镑，果园的价值是 83.33 万英镑。

132. 死神列车

国家情报局接到消息：

4个小时以前，敌军洗劫了一个军事基地，他们带走了所有TNT炸药，然后轻易地劫持了一辆货运火车，试图在首都爆炸。

情况十分危急，情报局当即决定，让火车在郊外爆炸。由本杰伦负责指挥行动，同时派出爆破队伍，在铁轨上铺设炸药，趁敌军控制的火车驶出隧道的刹那引爆炸药。

5分钟后，本杰伦得到消息：列车时速60公里，正在逼近隧道。本杰伦马上计算了一下：隧道长500米，火车时速60公里，也就是说，火车进隧道后30秒驶出隧道。他把遥控定时装置设置为“30”，只要火车进隧道，就会触发装置计数，30秒后炸药自动爆炸。然后，他率队退后，因为爆炸时掀起的巨大冲击波，可能会伤害到潜伏的人。

过了3分钟左右时间，列车隆隆地驶进隧道。爆炸装置和本杰伦手中的遥控装置开始同步计时。

30秒钟后，高强度炸药在铁轨上准时爆炸。可是，他们期待中的整列火车被引爆的场面并没有出现，火车在失去铁轨的路面上继续疯狂前行，撞倒了大片的槐树，终于在树林里停下来。

紧接着，火车在树林里爆炸，引起的熊熊森林大火足足花了一个月时间才扑灭。本杰伦回到国家情报局后，因为指挥失误而受到了处分，他怎么也想不通，难道这么简单的数学题目自己会算错？

那么，你知道他的失误在什么地方吗？

答案

132.

本杰伦的失误在于没有考虑到火车本身的长度，30秒是火车头进入隧道到驶出隧道的时间，但是车身还在隧道中，火车实际完全驶出隧道的时间为45秒。所以，炸药爆炸的时候只炸断了铁轨，对火车本身并没有造成太大影响。

133. 半个人

从上个月开始，奇怪的事情在桑巴达镇发生了。许多孩子在放学回家的途中神秘失踪，在小镇引起了巨大恐慌。

警方面临着非常严峻的考验，警长舒雷带领手下在镇里搜查了无数次，可见作案者非常狡猾。

这天，一个警察冲进来说，有个老太太打电话来投诉，说她的邻居家里最近老是传来孩子的哭声。舒雷一听抓起外套往外冲。

在镇外一幢阴暗的别墅里，投诉的老太太说，她家旁边新搬来一个叫摩斯的年轻人，这个人不但不承担公共卫生，还经常把孩子弄得哭哭啼啼。

舒雷马上组织人员包围了摩斯的住所，3 个警察撞开房门冲进房内。摩斯穿戴得整整齐齐地坐在沙发上，平静地说道："欢迎你们，笨警察。我的生活很平淡，想增添一点乐趣，就找你们玩游戏，可你们也太笨了，整整一个月连我在哪都找不到。要不是我把孩子弄哭，你们现在应该还呆在警察局里瞎猜吧？"

“你这个混蛋！”舒雷怒骂道，“把孩子们弄到哪里去了？”

他随即掏出了手枪。

摩斯摆了摆头说：“有胆你就开枪！其实，你进来的时候我就遥控启动了机关，现在正在往关押孩子的房间里注水，再和我闹一会儿，看你怎么向那些家长交代！”

舒雷探长脑门开始冒汗，他说：“你想怎么样？”

摩斯面无表情地说：“笨警察，我给你最后一个机会！我把绑来的孩子的一半加半个放在东面，把剩下的一半加半个放在西面，最后一个堵住嘴塞在床下。现在只要你告诉我，放在东面和西面的孩子各有几个，我就告诉你他们在什么地方。如果你还是那么笨，那就等着看惨痛的悲剧吧！”

舒雷怎么也想不通，人怎么会有半个呢？这时，一个新来的警探说他知道，接着他说出了答案。摩斯顿时无奈地低下了头。

那么，你知道新警探是怎样算出来的吗？

答案

133.

单数的一半再加上半个，正好是整数。

由于摩斯在最后一次送走孩子以后，自己身边还留下 1 个孩子，就可以推断出他当时应该还掌握着 3 个孩子。再推回去，一共有 7 个孩子遭到绑架，其中 4 个被关在镇东，2 个被关在镇西。

134. 一道数学题

一天，刑警强尼在火车站一带巡逻，看到一个中年人带着4个小孩，这些孩子的样子好像很害怕。强尼觉得很奇怪，便一路跟着他们。

中年人带着孩子上了车，强尼也上了车，并在他们对面坐下来。为了了解情况，强尼热情地跟中年人搭讪。中年人自称是一所学校的数学老师，那些孩子都是他的学生，这次他是带孩子们去参加数学竞赛去的。强尼装作若无其事的样子问了一句："他们多大了？"中年人摆出一副数学家的架子说："他们的准确年龄相乘等于3024，而且他们4人一个比一个大1岁，你来算算看。"

强尼知道，这中年人故意为难他，他亲切地问其中一个孩子："小朋友，你几岁了？"中年人不等孩子回答，马上接过话头："你猜不出来了吧？他是我儿子，今年5岁了。"话音刚落，强尼就用手铐把他铐了起来。

你知道这是为什么吗?

答案

134.

数学计算中有这样一条规律：凡是同5相乘的数，乘积的尾数只能是5或0。中年人开始说孩子们年岁乘积是3024，又说孩子5岁。这就是自相矛盾，因此可以断定他不是数学教师，孩子们也不是他的学生。

135. 愚昧的贵妇人

从前，有一个贵妇人的脖子上挂着一个特别大的钻石项链。这条项链的挂坠上镶有25颗呈十字架排列的钻石。拥有这件无价之宝的贵妇人平日里最喜欢清点十字架上的钻石，她无论是从上往下数到中央，还是从左往上数或者从右向上数，答案都是13。但是，无意间贵妇人的这三种数法被首匠师知道了。当贵妇人拿着被首匠师修理好的挂坠，当面清点完回家后，首匠师正看着手里从挂坠上取下的钻石偷偷乐。愚昧的贵妇人如果不改变数钻石的方式是永远都不会发现这个秘密的。

你知道首匠师在哪个地方动了手脚吗？

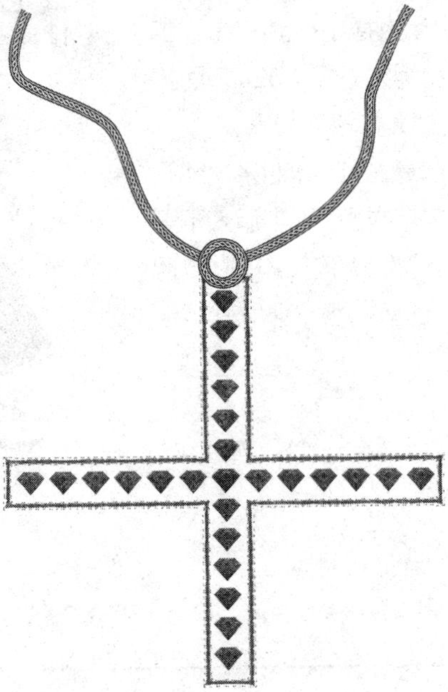

答案

135.

首匠师只要在水平一排的两端各偷走一颗钻石，再把最底下的一颗钻石移到顶上，就可以蒙骗住愚昧的贵妇人。

136. 神秘的案件

“砰”的一声巨大响声打破了凌晨的宁静，接着，邻居们耳中熟悉的吵闹声再次响起来。

接着吵闹声不断，当最后一声尖叫划破天际时，就再也没有声音了。

第二天，邻居发现萨莉娜家的窗子竟然有斑斑血迹，联想到昨天晚上的激烈争吵，便立刻报了警。警察破门而入，发现萨莉娜身上满是刀伤，倒在血泊之中，早就死去了，而其丈夫罗斯则消失了踪影。

“又是一桩家庭悲剧。”负责调查的警察说。不必问就知道，那个罗斯就是凶手。警察马上发出通缉令，然后向邻居们了解案件发生的确切时间。

“我听到尖叫的时候是 12 点零 8 分。”一个邻居老太肯定地说。

“不，完全不是这样，那时候我还清醒着呢。”一个年轻人反驳道，“我清楚地记得，应该是 11 点 40 分。”

“胡说！”对面杂货店的老板掺和了进来，他对警察说，“是 12 点 15 分，我都看着呢。”

“应该是 11 点 53 分。”最后发话的是一个中年绅士，他坚持认为自己的时间是正确的。给弄糊涂了的警察检查了各人的手表，结果发现没有一块是准的。

在这些手表里，一个慢 25 分钟，一个快 10 分钟，还有一个快 3 分钟，最后一个慢 12 分钟。而现在的问题是，案发的时候到底是几点呢？

聪明的读者，你知道吗？

答案

136.

这是个看起来复杂其实很简单的问题。作案时间是 12 点零 5 分。计算方法很容易，从最快的手表（12 点 15 分）中减去最快的时间（10 分钟）就行了。或者将最慢的手表（11 点 40 分）加上最慢的时间（25 分钟）也可以得出相同的答案。

在分析问题的时候，最重要是找到解决思路，把看似复杂的问题分解成简单的部分处理。

137. 珠宝商的损失

加伦的好朋友金生开了一家珠宝商店，珠宝的价格相当昂贵。这天，他满脸忧郁地来探望侦探波洛和加伦医生，委屈地说自己被骗了。

事情经过是这样的："前天下午，一个穿着时髦豪华大衣的女士来买钻石戒指。她举止优雅，我丝毫没有怀疑。在试戴了几枚钻石戒指以后，她挑中了一枚漂亮的蓝钻戒指，标价 10000 元，经过讨价还价，我们以 8000 元成交。接着，她递给我一张银行支票，上面有令人信服的签章，票面金额是 10000 元。"

"倒霉的是，我当时刚好没有零钱了，便拿着支票到隔壁的电器商行找老板卡特换了 10000 元。然后我找给顾客 2000 元后，又为她包装好钻戒，才礼貌地送走了她。谁知道，过了一会儿，卡特来找我，原来他正巧去银行兑付支票，银行却告诉他支票是假的！没办法，我只好收回支票，赔偿了卡特 10000 元。"

"这么复杂啊？"加伦说，"难怪你弄不明白。让我想想，你的损失是这样的：价值 8000 元的戒指，赔偿卡特的 10000 元，损失总共 18000 元。"

金生摇摇头说："还不止呢！我还找给那个顾客 2000 元真币，这样算下来我的损失高达 20000 元！可是，这个数字对吗？"

"当然不对了。"波洛说道，"你们都算错了，实际上损失没这么严重。"

聪明的读者，你知道实际损失到底是多少吗？

答案

137.

其实，实际的损失是 10000 元。我们这样来算：从卡特那里换钱回来，金生找了 2000 元给顾客以后，自己那里还有 8000 元真币，他再加 2000 元就可以和卡特结清，加上戒指价值 8000 元，他在这笔交易中损失了 10000 元。

138. 教父的谎言

格桑是黑帮的头目，神通广大，被黑帮尊称为“教父”。他每年都要犯几件让警方头痛的案子，而他每次犯下的案子，都能上报纸的头条。

警方多次逮捕他，但他高薪聘请的律师总能为他洗脱罪名。就这样，他一边经营着连锁咖啡店，一边买卖违禁物品，和警方对峙了十多年。

这天上午，一身黑色西服的格桑忽然来警察局自首！当他拿出身份证，告诉执勤警官他是前来自首的时候，执勤警官几乎惊讶得从椅子上摔下来。

他告诉警方，上个月他走私了 100 块壁画回国，这些壁画是盗墓者从一个没有被发现的法老陵墓里切割下来的。

可是，当他联系好收藏家准备出手的时候，他的手下却背着他把壁画全部取走了。因为盗窃的人很多，眼看追回壁画无望，于是他决定到警察局报警，让警方帮他揪出背叛他的手下，同时追回这批价值连城的壁画。

他说他可以在法庭上为警方作证，条件是警方不起诉他。获得应允后，他为警方提供了 25 个人的名字，这些人中最少的偷走 1 块，最多的偷了 9 块。而这 25 人各自偷了多少块壁画时，他说也记不清了，但可以肯定的是，他们都偷走了单数块壁画，没人偷走双数块的。

这是一次机会！黑帮教父送上门来，黑帮分子还自相火拼，这真是一个一举端掉整个黑帮的大好机会！警察们倾巢出动，按照格桑的名单一举抓捕了那些嫌疑犯。可是，警方连一块壁画都没有找到，难道是被他们集体藏起来了？

这时，警局请来了心理学专家帮助审讯罪犯，专家先花了半小时查看案卷，当他看到格桑的证词时，不由一愣。接着，他缓慢地对警察局局长说：“格桑耍了你们，他可能是对手下失去了控制，才想到借你们来除掉手下！”

一次立功受赏的机会即将变成一场巨大无比的丑闻，警察局局长听得瞠目结舌。那么，你知道心理学专家是怎么知道格桑在说谎的吗？

答案

138.

假如100这个数可以分成25个单数的话，那么就是说单数与单数的和等于100，即等于双数了，而这显然是不可能的。

事实上，这里共有12对单数，另外还有一个单数。每一对单数的和是双数——12对单数相加，它的和也是双数，再加上一个单数不可能是双数，因此，100块壁画分给25个人，每个人都不分到双数是不可能的。

139. 报案者的证词

一天，罗西警官刚上班就接到报警电话："马丁路克高级公寓203房间被盗。"

报案的是公寓的管理员，他说，今天早上他照例去每层楼巡视，经过203房间门口时，忽然听到里面有声音。他感到很奇怪，因为这个房间的主人出远门了，至少要半个月才能回来。出于责任心，他便扒在锁孔往里面看，发现一个男子在房间右侧的柜子旁正往大包里塞东西，然后又蹿到左侧的窗边跳了出去。他知道这人肯定是盗贼，就打电话报了警。

罗西随后和管理员一起到现场。公寓的房门是一扇有10厘米厚的重重的橡木门，门的锁孔大小和黄豆差不多，房间很长，左侧墙壁到右侧窗户足有14米。左侧的窗户开着。突然，管理员抢先来窗边，说："警官，这里有一个男人的脚印。"

罗西站到管理员面前说："别演 戏了，你就是盗贼。"他张口欲言，但最终低下了头。罗西是根据什么做出这一判断的呢？

答案

139.

管理员说他看到一个男子在右侧的柜子旁往大包里塞东西，然后蹿到左侧逃走。而锁孔只有黄豆般大小，门有10厘米厚，凯西的视线不可能同时看到14米宽度的空间。所以他是在说谎。

140. 军事密码情报

一天，某军总司令部截获一份秘密情报。经过初步破译得知，下月初，敌军的三个师团兵将分东西两路再次发动进攻。在东路集结的部队人数为“ETWQ”,从西路进攻的部队人数为“FEFQ”，东西两路总兵力为“AWQQQ”，但到底是多少却无从得知。后来，苦思不得其解的密码竟然被一位数学老师破译了。你知道数学老师是怎么破译的吗？

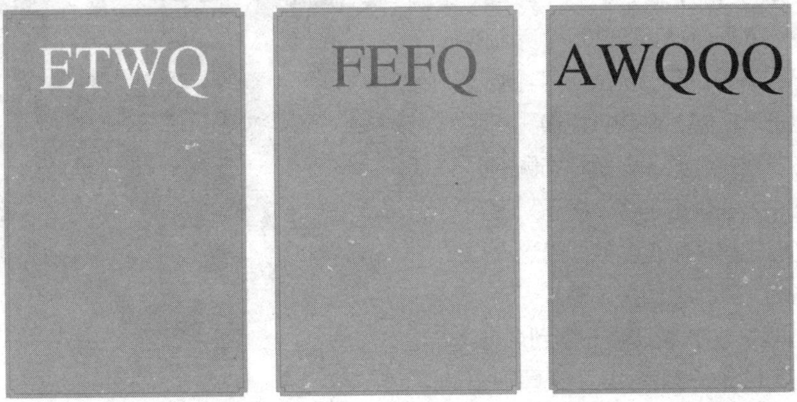

答案

140.

E = 7，W = 4，F = 6，T = 2，Q = 0，7240+6760 = 14000。

细心分析，可以发现只能是 Q+Q = Q，而不可能是 Q+Q = 2Q，故 Q = 0；

同样，只能是 W+F = 10，T+E+1 = 10，E+F+1 = 10+W；

所以有三个式子：

(1)W+F = 10

(2)T+E = 9

(3)E+F = 9+W

可以推出 2W = E+1，所以 E 是奇数。

另外 E+F>9，E>F，所以推算出 E = 9 是错误的，E = 7 是正确的。

141. 埋在地下的金币

汉尼老人一辈子没有结婚，所以也没有儿女，现在老了，无依无靠的。因此汉尼平时省吃俭用，偷偷积攒了 54 个金币。他想等自己丧失劳动能力后就靠着这些钱养老了。为了防止小偷，汉尼把金币放进了一个小坛子里，然后埋在了自家的后院。然而，这一切都被邻居斯特罗看到了。

斯特罗是个贪心的家伙，他趁一个夜晚，偷偷溜到汉尼老人家的后院把那坛金币偷走了。

过了半个月，汉尼去看他的金币，发现坛子不见了。他急得满头大汗，思来想去，一定是被人偷去了。汉尼最终把嫌疑犯锁定在自己的邻居斯特罗身上了，只有他最可能看到埋金币的事情。汉尼失眠了一整晚，翻来覆去，终于想到一个拿回金币的好办法。

一天，他装出没事的样子到斯特罗的家里跟他闲聊："唉，人老了，账也不会算了，你说 54 个金币加上 45 个金币共是多少？"

"99 个金币。"

"这么说，再凑一个金币，就满 100 个罗！"

"对，一点也不错。"

"噢，太好了。"汉尼老头手舞足蹈地离开了珠宝店。

当天夜里，斯特罗就把老汉尼的 54 个金币如数送回坛子里。

你知道这是怎么一回事吗？

答案

141.

这是汉尼老头利用了斯特罗的贪心施的一条妙计。斯特罗和汉尼谈完话后暗想：这老头一定是要再放 46 个金币到坛子里去，为的是凑够 100 个金币。但如果老头发现原来的 54 个金币不见了，就不会再放另外 46 个了。斯特罗为得到另外的 46 个金币，所以连夜把 54 个金币送回去了。

142. 高明的赌徒

来马丹镇的游客通常都是暴富商人和采矿者，他们挣到大把钞票后，然后跑到镇上疯狂喝酒赌博。因此，镇上的商铺几乎都变成了酒家，而赌场更是有近 20 家。

这天，在镇上最大的赌场里，一位穿西服的外乡人慢慢拿出一个精致的皮箱，打开后只见箱子里有用黄金打造的 1 到 9 的数字。

接着那个外乡人礼貌地向人群鞠了一躬，高声说道："最简单的赌局！会加法的人都会，只要用 20 元，就能赢取 200 元！"说完，他把一叠厚厚的钞票放到台子上。

听说有这样的好事，赌徒们纷纷让他讲解规则。他的规则非常简单：他用 200 元下注，其他人则用 20 元下注，每次下注都放到任意一个数字上，双方轮流走，先获得 3 个加起来等于 15 的数字的人获胜。

这时，一个老赌徒决定赌一把。他先把 20 元放在 7 上，外乡人把 200 元放在 8 上。老赌徒再把 20 元放在 2 上，这样他以为下一轮再放在 6 上就可加起来等于 15，于是就可以赢了。

但是外乡人把钱放到了 6 上，让老赌徒的计划没有成功。现在，他只要在下一轮把钞票放在 1 上就可获胜了。老赌徒看到这一威胁，便把 20 元放在 1 上。外乡人并不慌张，他笑嘻嘻地把 200 元放到了 4 上。老赌徒看到他下次放到 5 上便可赢了，就不得不再次堵住他的路，把 20 元放到了 5 上。可是，这时外乡人却把 200 元放到了 3 上，因为 8+4+3 = 15，所以他赢了。

老赌徒输掉了这 80 元钱，而外乡人则赢得了“15 点”的胜利。一些不甘心的赌徒上去挑战，可让人不敢相信的是，整整一周的时间里，外乡人竟然没有输过一次！他的行李箱装满了赢来的钱，而赌徒们却根本弄不清，为什么这种小学数学题能让自己输这么多。

一个赌徒提出，只赢不输说明他在作弊，应该报警。很多输了钱的人附和，于是他们请警察来调查。经过警官详细而认真的调查，终于解开了外乡人只赢不输的谜团。

请问：你觉得外乡人作弊了吗？

答案

142.

外乡人并没有作弊，他只是巧妙运用了数学原理。

2	9	4
7	5	3
6	1	8

要明白“15 点”游戏的道理，先列出其和均等于 15 的所有三个数字的组合（不能使两个数字相同，不能有零）。这样的组合只有八组：1+5+9 = 15，1+6+8 = 15，2+4+9 = 15，2+5+8 = 15，2+6+7 = 15，3+4+8 = 15，3+5+7 = 15，4+5+6 = 15。

应当注意的是，这里有八组元素，八组都在八条直线上：三行、三列、两条主对角线。每条直线等同于八组三个数字（它们加起来等于 15）中的一组。因此，在比赛游戏中每组获胜的三个数字，都由某一行、某一列或某条对角线在方阵上代表着（如图）。

很明显，根据这个简明的图示，只要每次在可能构成 15 的地方堵住对方，那么对方就完全没有获胜的可能；如果双方都按照正确的方法下，最终就是平局。赌徒们显然没有想到加法里还有这么大的奥妙，于是纷纷落入了陷阱。

143. 生物实验室的事故

这天早晨，在意大利国家生物实验室上班的基因工程师辛贝尔刚到办公室，就发现实验室被破坏得一塌糊涂，更为严重的是，用来做基因实验的 3 只波斯猫跑了两只。像这种携带了老鼠和狗基因的猫，很可能会同时患上鼠疫和狂犬病，而猫类本身携带的病菌也会同时滋生，最终产生可怕的新病毒。这种病毒一旦传染出去，人类将面临严峻的考验。辛贝尔连忙拿起电话，用最快的时间报了警。

防毒警察戴上面具，穿着防护服，在第一时间封锁了现场，终于在食堂的水池边发现了两只波斯猫的踪迹。它们正在吃一条鲤鱼呢！防毒警察悄悄包围过去，麻醉弹准确击中，两只猫咪晃了晃，一下子栽倒了。

这时，辛贝尔工程师却发现了新的问题：猫咪在追捕池塘里的鱼的过程中，很可能会把病菌传播到鲤鱼身上，而鲤鱼又通过水源影响人类，后果同样严重！现在，需要把所有鲤鱼都抓起来处理掉，其他鱼类则可以不必理会。

问题是，厨房的池塘里有那么多种鱼，鲤鱼究竟有多少呢？警察找来了厨房负责人询问。

负责人只能肯定池塘里所有的鱼都是昨天刚买回来的，一共花了 3600 里拉。根据账目记载，青鱼 130 里拉一条，刀鱼 104 里拉一条，鳜鱼 78 里拉一条，鲤鱼 170 里拉一条。除了被猫咪吃掉的一条鲤鱼以外，没有其他的损失。

辛贝尔看到众人疑惑不解的样子，忍不住说道：“这不是已经很明显了吗？我上小学的外甥都能解开这个问题。”

接着，辛贝尔给众人作了分析，大家终于恍然大悟。你知道池塘里到底有多少条鲤鱼吗?

答案

143.

其实，这个问题不难，鲤鱼共12条，除去被吃掉的1条，还剩下11条。观察价格，你就会发现青鱼、刀鱼和鳜鱼的价格都是13的倍数，也就是说，无论这三种鱼买多少条，其价格总和也将是13的倍数。

用鲤鱼的价格170除以13的余数是1，也就是说，每买一条鲤鱼剩1里拉。用3600除以13，余数是12，说明鲤鱼一共有12条。至于其他鱼有多少，就不在考虑范围之内了。

144. 机智的验关员

在海关，每天有数不清的货物从这里进进出出，需要检验的项目非常多。

一次，一个大胡子商人带着整整 10 个集装箱的货物前来报关，他把这些货物整齐地排列在海关大楼的货场里，工人正在忙碌地操纵设备把集装箱装上货轮。

验关员仔细审核着这些材料，没有发现任何问题。直到翻开最后一页文件的时候，他忽然发现“物品重量”一栏有涂改的痕迹。验关员再次细心核对，这是一批型号重量都完全一样的汽车轴承，没有道理出现事后更改重量的情况。

大胡子商人看到验关员注意到重量被更改过，慌张地解释：“这个地方是有点小修改，麻烦您就高抬贵手，放过这批货吧！”

验关员不动声色地说：“现在，就让我们去查一查你的货物。”

大胡子商人见验关员毫不让步，不由得恼羞成怒，他说道:“我干脆直接告诉你，这 10 箱货里有一箱轴承是特种轴承，就看你有没有本事查得出来 !10 点以后，装运的货

轮就要出港，现在称量是无论如何来不及了，你以为打开10个集装箱，把轴承一个一个比较过来是很容易的事情吗？你至少需要称9次！”

验关员笑了起来，他说道：“我想你还是补缴关税比较好，因为找出特种轴承根本不需要称10次，只需要称一次就够了！”

假设标准轴承的重量是100克，而特种轴承比普通轴承重10克，你知道这个聪明的验关员是怎么称一次就能找出特种轴承的吗？

答案

144.

把每个箱子编上号，从第1个箱子中取出1个轴承，从第2个箱子中取出2个，从第3个箱子中取出3个……以此类推，从第10个箱子中取出10个。

把这些轴承称一称，它们的标准重量是5500克。如果是第1个箱子的轴承超重，结果就应该是5510克，如果是第2个箱子，结果就应该是5520克……

145. 半壶凉茶

一个夜晚，警察局接到报案，一个公司的总裁在家中毒身亡。

警长立即赶到现场。据经理秘书讲，被害者3小时前出席了一次宴会，因为喝多了几杯，由秘书将他送回家。当时总裁的家人都不在家，秘书就留下来照顾他。

因为总裁喝多了，为了给他醒酒，秘书说就为他沏了一壶茶。安顿好后，秘书即回公司处理事务。当他再次来看总裁时，发现他已中毒身亡。

警长又转身向先来的警察和法医询问，据他们讲整个房间里除了死者和秘书外，没有第三者来过的痕迹。壶中的茶水试喂过狗，没有毒。初步怀疑是在宴会上吃了有毒食物，现在正在进行调查。

警长来到桌边把那只茶壶揭开看了看，发现里面有半壶茶水，上面漂浮着一些茶叶。他把壶盖好，转身问跟在身边的警员："茶壶上的指纹取过了吗？""取过了，只有总裁和秘书的指纹。"

"那么说凶手就是秘书！"警长斩钉截铁地说。

他是如何得出这一结论的呢?

答案

145.

按秘书讲，这茶已经沏过两个多小时了，那么在壶中就不可能有漂浮在水上的茶叶。由此可断定一定是有人将有毒的茶水倒掉，然后放上半壶凉水，再洒上把茶叶冒充未喝完的凉茶。而需要做这番手脚的，只有秘书一个人。

146. 烟蒂的启示

一天，侦探科林很无聊，只好看报纸，一则桃色谋杀案吸引了他的目光。看完后，他马上打电话给警长。

“你也对这个案子有兴趣？”

“别废话，快把案情说说。”

“4 天前，在城郊的一所房子里，有一个漂亮的夫人被杀害了。作案时间是下午 2 点半至 3 点之间。”

“凶手有线索吗？”

“目前找到两名嫌疑犯，但又没有确凿的证据，无法确定谁是真凶。”警长接着说，“现场的指纹和足迹都被破坏了。只是在门外的地上拣到了一支烟蒂，是支只吸过一两口的很长的烟蒂。”警长故意把烟说得很重。

“能够确定是嫌疑犯丢下的吗？”

“当时大概是下午 2 点钟左右，有人目击到被害人正在打扫院子。所以房门外的烟蒂一定是在那之后罪犯扔掉的，并用脚踩灭。”

“嫌疑犯都吸烟吗？”

“是的，而且两人正好都喜欢同样牌子——也就是门口发现的烟蒂那种牌子的香烟，所以无法确定。一个是被害人的丈夫，他们夫妻感情不和，而且听说这个女人有外遇。所以她丈夫有杀人动机。”

“另一个嫌疑犯是谁？”

“是一个邮递员，此人喜欢调戏妇女，只要看到单身女人就趁送信或包裹时骚扰一下。”

“会不会是用这种手段向被害人求爱碰了一鼻子灰，恼羞成怒下了毒手呢？”

“有可能，但没有足够的证据。”

“其实证据已经很充分了。”科林果断地指出罪犯。

那么，科林的推理是什么呢？

答案

146.

科林推断出的罪犯是邮递员。如果是被害人的丈夫，就不会将只吸了一两口的香烟扔在门外，他会毫不在意地叼着烟进屋的。而在要访问的对方门前将刚点着的烟扔掉，是因为叼着烟去人家里是不礼貌的，这种对别人彬彬有礼的凶手毫无疑问是邮递员。

147. “1257”之案

一天晚上，一家农业银行被一伙强盗盗窃了。值班的两个女职员都受了重伤，而且处于昏迷之中。这个案子立刻成了各家媒体的头条新闻，群众对此案都很关注，要求警方赶紧破案。

公安局高局长觉得此案很棘手，于是马上叫来刑侦科长李克，命他接手此案。李克叫了几位精明强干的同志，组成了侦破小组，并向本市交通、运输、邮电、通讯等部门发出紧急通知，要求他们一有可疑情况马上报道给警方。然后他和组员在全市的各大宾馆、旅社展开了地毯式的大搜查。

一连几天过去了，还是没有搜到犯罪分子。正当李克他们都在疲劳地大海捞针时，一个电话点燃了破案的希望。

电话是李克的同学肖方打来的。他是通讯部门的局长。肖方说通讯部10分钟前接到几个很奇怪的短信。短信的内容都是“1257”，并且都是从一部手机上发出的。

“你等着，我马上来。”李克火速赶到通讯部。后来通过从手机号码上寻根究底，终于抓获了一名犯罪分子。经过苏醒过来的女职员的辨认，他正是当时抢劫犯之一。最后，这名犯罪分子交代了其他的参与人员，警方一举抓获了所有的罪犯，破了这个大案。

你知道李克他们到底是如何根据短信的内容，判断出发短信的人就是罪犯的吗？

答案

147.

罪犯为了隐蔽，在短信中没有使用明白的文字，而是利用音乐中简谱中的四个音符“1257”作为密码，即谐音“都来收息”，通知同伙来分赃。

148. 女盗贼的把戏

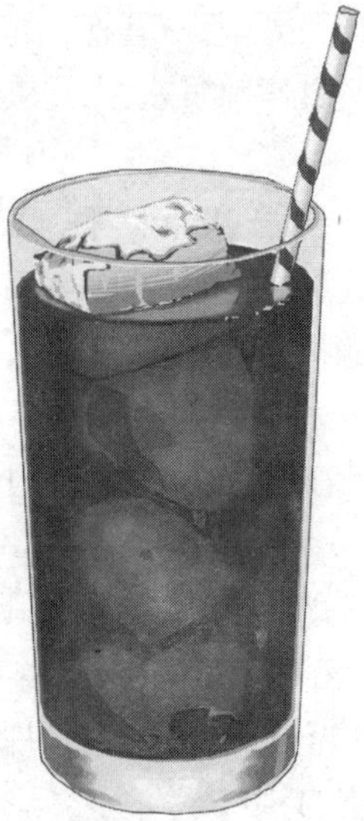

女盗坡丽塔乔装改扮，混进珠宝拍卖会场，盗出两颗大钻石。一回到家，她马上将钻石放在水里做成冰块放在了冰箱里。因钻石是透明无色的，所以藏到冰块里，万一有警察来搜查也不易被发现。

正当女盗贼为自己的完美想法暗自得意时，波洛侦探来了。“还是把你偷来的钻石交出来吧。虽然警察没看出是你化的装，但我知道就是你。”

“大侦探，你不要信口雌黄，有什么证据说是我偷的？”坡丽塔若无其事地说。见波洛无话可说，她自作聪明地说：“今天真热呀，来杯冰镇可乐怎么样？”

坡丽塔说着从冰箱里拿出冰块，每个杯子放了 4 块，再倒上可乐，递给波洛一杯。不知是什么原因让她将藏有钻石的冰块放到了自己的杯子里，即使冰块化了，钻石露出来，在喝了半杯的可乐下面是看不出来的。波洛怎么会想到在他眼前喝的可乐中会藏有钻石呢，坡丽塔暗自盘算着。

“那么，我就不客气了。”波洛接过杯子喝了一口，下意识地看了一眼坡丽塔的杯子。

“我想我现在有证据逮捕你了，把钻石交出来吧。”

“噢，是吗？钻石在哪里？”坡丽塔强作镇静道。

“就在你的杯子里。”说完就一把把坡丽塔的杯子抢过来了。

冰块还没溶化，那么波洛是怎么揭穿坡丽塔的可乐杯子里藏有钻石呢？

答案

148.

很简单。冰放在水中会漂浮起来，而钻石放在水中只会沉入杯底。

149. 秋千的妙用

一天清晨，麦克给一位名叫史密斯的青年去送包裹。史密斯是刚搬到这个小村来的。

麦克在老屋门前高喊了几声，又连连地敲门，竟毫无动静。“也许是出门散步去了吧。”麦克这么想着，就到小屋后面的田野里去找。

到那一看，不好，史密斯倒在了田野里。

一个警察刚好路过这里，麦克连忙向他报案。警察仔细地看了看尸体周围，但是没有发现一个脚印。

“怎么连史密斯的脚印也没有呢？昨晚刚下过雨，田头是湿的，土是软的，只要有人走，就会留下脚印呀！”麦克不解地说。

“看来，是这场雨把史密斯的脚印给冲掉了。”

“不，要是那样的话，史密斯的尸体也淋过雨，应该是湿的，可是他的衣服挺干燥。”

“也许是因为过了夜被风吹干了。”

“不可能，他的伤口上还有血凝结。要是给雨淋过，血迹早就应该冲掉了。”

“说来说去，史密斯还是雨停之后才被杀的啦，而且这边并不是第一现场。”

警察仔细地观察四周，注意史密斯身后4米处是个荒废的老屋。于是他踮起脚朝房屋里那一边看去，只见那是个很荒凉的院落，在一棵大榆树上挂着一个秋千。四周是光秃秃的红土层。

警察点了点头说：“我知道是怎么回事了。”

那么究竟是怎么回事呢?

答案

149.

凶手把史密斯杀死后，把他搬到秋千上用力甩到了田地里，所以田地四周没有任何脚印。

150. 守财奴的遗嘱

已经病了一个多月的守财奴克利姆，把他的老管家叫到了床边，颤抖着手，对老管家说："老里旺，我快不行了，我已经能听得到死神在敲门了。我这辈子积攒的钱财都被我换成了金条，就放在床下的大铁皮箱里，遗嘱也在里面。麻烦你帮我把遗嘱交给我的儿子们，让他们按照遗嘱分……"

克利姆忽然剧烈咳嗽起来，大口大口地喘气，三四分钟后，他不甘心地闭上了眼睛。

里旺从床下拖出蒙着厚厚灰尘的铁皮箱，打开铁皮箱后，他见到那满满一箱子黄澄澄金条，顿时有了别的打算。他找到一个布袋，把所有金条扔进袋子，迅速离开了克利姆的别墅。他直接来到赌场，他把所有的金条都换成了钱，然后进行一掷千金的狂赌。

克利姆的儿子们在家里找到了父亲留下的遗嘱，可是却没有找到一根金条，他们立刻报警。可谁也没有想到，当警察找到里旺的时候，他已经把金条几乎输得精光了。

按照法律，里旺没有权利动用这份财产，所以那些被挥霍掉的金条还可以向赌场合法地要回来。但究竟有多少金条呢?

此刻的里旺满脑子都是扑克、筹码，根本记不起带来多少根金条，而赌场也用这个作为借口拒绝偿还。无奈，克利姆的长子请来了聪明的法官里奥多德，请他帮助解决这个难题。

里奥多德拿起遗嘱，只见遗嘱是这样写的：我所有的金条，分给长子 1 根又余数的 $^1/_7$，分给次子 2 根又余数的 $^1/_7$，分给第三个儿子 3 根又余数的 $^1/_7$……以此类推，一直到不需要切割地分完。

里奥多德看完后，微笑着说："现在问题解决了，我不但能帮你们弄清楚到底有多少根金条，连你们有几兄弟都知道了。"克利姆的长子惊讶地睁大了眼睛，他从来没有和里奥多德说过其他兄弟的情况，里奥多德怎么会知道呢？而金条到底又有多少根呢？

聪明的读者，你知道吗？

答案

150.

从末尾开始，最小儿子得到的金条数目，应等于儿子的人数。金条余数的 $^1/_7$ 对他来说是没有份的，因为既然不需要切割，在他之前已经没有剩余的金条了。

接着，第二小的儿子得到的金条，要比儿子人数少 1，并加上金条余数的 $^1/_7$。这就是说，最小儿子得到的是这个余数的 $^6/_7$。从而可知，最小儿子所得金条数应能被 6 除尽。

假设最小儿子得到了 6 根金条，那就是说，他是第六个儿子，那人一共有 6 个儿子。第五个儿子应得 5 根金条加 7 根金条的 $^1/_7$，即应得 6 根金条。

现在，第五、第六两个儿子共得 $6+6 = 12$ 根金条，那么第四个儿子分得 4 根金条后，金条的余数是 $12 \div {^6/_7} = 14$，第四个儿子得 $4+{^{14}/_7} = 6$ 根金条。

现在计算第三个儿子分得金条后金条的余数：6+6+6 即 18 根，是这个余数的 $^6/_7$，因此，全余数应是 $18 \div {^6/_7} = 21$。第三个儿子应得 $3+{^{21}/_7} = 6$ 根金条。

用同样方法可知，长子、次子各得 6 根金条。我们的假设得到了证实，答案是共有 6 个儿子，每人分得 6 根金条，金条共有 36 根。

有没有别的答案呢？假设儿子数不是 6，而是 6 的倍数 12。但是，这个假设行不通。6 的下一个倍数 18 也行不通。再往下就不必费脑筋了。